利益相关者管理
对企业财务绩效的影响研究

Liyi Xiangguanzhe Guanli Dui Qiye Caiwu Jixiao De Yingxiang Yanjiu

张秋来 著

中国社会科学出版社

图书在版编目（CIP）数据

利益相关者管理对企业财务绩效的影响研究/张秋来著.
—北京：中国社会科学出版社，2019.11
ISBN 978 - 7 - 5203 - 2623 - 0

Ⅰ.①利…　Ⅱ.①张…　Ⅲ.①企业绩效—企业管理—
财务管理—研究—中国　Ⅳ.①F279.23

中国版本图书馆 CIP 数据核字（2018）第 118053 号

出　版　人	赵剑英	
责任编辑	卢小生	
责任校对	周晓东	
责任印制	王　超	
出　　　版	中国社会科学出版社	
社　　　址	北京鼓楼西大街甲 158 号	
邮　　　编	100720	
网　　　址	http：//www.csspw.cn	
发　行　部	010 - 84083685	
门　市　部	010 - 84029450	
经　　　销	新华书店及其他书店	
印　　　刷	北京明恒达印务有限公司	
装　　　订	廊坊市广阳区广增装订厂	
版　　　次	2019 年 11 月第 1 版	
印　　　次	2019 年 11 月第 1 次印刷	
开　　　本	710×1000　1/16	
印　　　张	11.5	
插　　　页	2	
字　　　数	172 千字	
定　　　价	60.00 元	

目　录

第一章　绪论

第一节　选题背景与研究意义

利益相关者理论主要研究包括企业所有者在内的企业所有利益相关者，他们都对企业日常的生产经营活动投入了某种特殊性资产，同时他们也分别承担了企业在激烈的竞争环境中面临的各种风险。因此，企业管理者在企业经营管理中的决策行为必须考虑到企业利益相关者的利益要求，形成企业利益相关者的和谐关系，以追求企业长期、稳定的社会价值最大化，从而追求企业稳定增长的经营绩效。这种基于利益相关者理论的经营管理是企业建立企业利益相关者整体或长期利益最大化的动态过程，而企业的这些经营决策过程能够让企业相关职能部门在协调不同利益相关者利益要求的过程中确定和实现其企业使命，并最终创造利益相关者价值。随着经济社会的发展和人民生活水平的提高，企业如何在激烈竞争、急剧动荡的市场经营环境中通过利益相关者管理行为维系良好的利益相关者关系，形成并保持其核心竞争能力和创造较高的经营管理绩效成为企业战略管理的主要目标。对于这一系列问题的研究，具有重要的理论与现实意义。

一　选题背景

利益相关者思想源于亚当·斯密的经济理论。他认为，只有当经济利益与社会利益存在一种"共赢"关系时，整个社会经济系统才会和谐地运转。尽管斯密著作中的道德基础在今天常常被人们忽视，但利益相关者思想却使其经济与社会利益互动观点逐步被人们承认和接受，并发展成为支撑企业、政府或非政府组织去接受、最大化所有利益相关者价值共生关系潜能的一种思想理论基础。

"stakeholders"（原意为"赌金保管者"，现引申为"利益相关者"）一词真正的起源是在法学研究领域。利益相关者理论的萌芽始于企业社会责任（Corporate Social Responsibility，CSR）这一概念，而企业社会责任的研究则可以追溯到 20 世纪 30 年代著名的伯利（Berle）与多德（Dodd）之间的论战。这场关于企业社会责任的论战包括以下内容：投资入股并承担风险的股东是否应该必须容纳那些只不过看似对企业有较高的忠诚度并有希望却从没有投资入股的人来约束本公司治理活动呢？他们以及后来的米恩斯都没能就此问题围绕公司治理进行更深入层次的理论研究，这些关于利益相关者的概念与理论从此便被世人"遗忘"了近 30 年。

从 20 世纪 60 年代开始，利益相关者理论①（stakeholder theory）在西方社会与经济发展水平较高的部分国家中逐渐受到重视并迅速在全球范围内扩大其理论影响，尤其是在美国、英国等长期奉行外部控制型公司治理模式的国家中渐渐地发展起来，并逐步影响西方发达国家与地区的企业治理模式的选择及企业战略管理方案的选择与实施，对企业管理理论的发展起到了积极作用（张立君，2002；陈昆玉，2002；贾生华、陈宏辉，2002b）。这些理论与传统的股东至上的企业理论的主要区别在于：该理论认为，任何一个企业的发展都离不了各种利益相关者对于企业的投入或参与。因此，企业不仅要为股东服务，同时也要保护其他利益相关者的利益诉求。进入 21 世纪后，由于经济全球化趋势日盛，现代企业将要在动荡与快速变化的利益相关者环境中从社会、伦理、经济等多方视角来重新审视企业利益相关者的权益要求与期望，这将会对企业的战略管理理论及实践活动产生巨大影响。

---

① 为了研究的方便，本书在后面会一直用"利益相关者理论"来代替"企业利益相关者理论"。

对于企业财务绩效目标的认识在很大程度上取决于企业理论的突破与发展，在主流企业理论下，企业目标被定义为"股东利益最大化"。随着对于利益相关者理论认识的深入，在理论与实践中对于企业利益相关者的关注符合企业可持续发展的经营理念，这正好可以弥补主流企业理论中"股东利益至上"观点的缺陷。因此，上述观点被迅速引入企业财务管理领域，并引起了经济学界研究热潮，利用利益相关者理论对企业财务绩效目标进行研究成为理财学研究的另一个热点。本书试图在对相关资料进行详细收集与梳理的基础上，对该领域进行回顾与评述，并做进一步的研究。

二　研究意义

阿尔伯特·爱因斯坦说："途径的完美与目标的混乱，似乎构成了我们这个时代的一大特色。"

由于企业竞争环境的变化，使对一些陈旧的、对企业经营绩效的束缚的研究变得更有意义。如探讨企业经营的目的、竞争优势和富有意义并可让生活更丰富多彩的工作之间的联系；探讨高层管理者阐明需要企业利益相关者共同努力去实现高尚目标的职责……这些企业的高层管理者早就认识到，利益相关者协调的关系至上——而非股东至上——是他们企业在激烈的市场竞争中得以立足的根本原因，而且认识到企业的这一追求目的是他们企业能够取得非凡经营成绩的关键所在。这种以利益相关者为中心的追求目标与企业绩效之间的联系，在未来以知识为核心、竞争激烈的全球市场上将更为明显地体现出来（埃尔斯沃斯，2009）。

在经济全球化时代，对于企业经营的外部要求正在逐渐增多，而企业应对的内部弹性却在降低。企业管理者处于重压之下，饱受其利益相关者的质疑和攻击，如何正确地处理和协调企业内部各利益相关者之间，以及企业与外部各利益集团之间的冲突关系日益突出。

在过去的40多年里，企业关于利益相关者的管理得到了不断改进与完善，尽管取得了一些瞩目的成就，但是，这些理论或实践对于企业如何在当前竞争环境急剧变化条件下实施正确的发展战略、协调处理好企业利益相关者之间时常可能发生冲突的利益诉求方面存在明显的不足。我们在本书中将就企业如何制定、实施正确的发展战略——管理者不再仅仅关注企业自身利润最大化这一单一企业经营目标，通过致力于企业的战略管理，管理者更加关注企业自身的存在和发展与企业利益相关者和谐共存的问题，更加关注与利益相关者打交道的过程中如何趋利避害，实现双赢或共赢的企业战略管理目标。这对于在企业的战略分析、选择与实施过程中积极关注企业利益相关者的利益诉求研究具有十分重要的理论与实际意义。

（一）理论意义

本书以企业利益相关者管理为研究对象，借鉴国内外已有研究成果，对企业利益相关者的理论进行梳理；结合我国上市企业利益相关者管理现状，尝试构建企业利益相关者管理的分析框架，提出了适应我国企业利益相关者管理、基于企业利益相关者的属性细分的多属性三分法。

本书选择 2013 年沪深上市企业净资产收益率 450 强企业和 100强企业为研究样本，开展大样本数据整理与分析，从企业主要利益相关者的多属性细分其构成与利益相关者管理相关概念模型出发，对于影响企业财务绩效的企业主要利益相关者的影响进行规范分析，逐步揭示企业主要利益相关者与企业战略影响企业财务绩效的内在机理，并建立了一个企业主要利益相关者与企业战略影响企业财务绩效的概念模型，剖析了我国企业主要利益相关者与企业战略对于企业财务绩效的影响方式，探究了企业主要利益相关者、企业战略对于企业财务绩效的影响特征。

（二）实际意义

本书从企业财务绩效的相关指标形成的逆向效应视角出发，诠释了我国企业利益相关者管理中所存在的缺陷的形成机理，为我国企业主要利益相关者管理与决策提供了新的思路。

本书还针对前面提出的概念模型及相关规范分析，通过考察一段时间内企业主要利益相关者管理对企业财务绩效的影响机理，建立多元回归线性方程，探索企业主要利益相关者关系变量、企业战略变量在控制企业经营环境变量对于企业财务绩效的影响程度，提出了企业主要利益相关者关系变量、企业战略变量具有交互作用，从而影响企业财务绩效。

本书揭示样本企业在其利益相关者管理上与国外相关研究成果存在的较大差异性，呈现出过分重视一些法律属性较强的利益相关者，忽视了紧急属性较高的利益相关者，这样容易为企业长期、稳定、持续增长带来重要影响，这说明了我国企业利益相关者管理策略存在较严重的缺陷；同时也为后续研究企业利益相关者管理的研究者与实践管理者提供了一个探索方向。

第二节　研究内容

现有关于企业利益相关者管理研究的文献多数只能部分地解决企业利益相关者战略管理问题，而缺少从协调视角来系统地揭示企业利益相关者管理问题的本质——利益相关者利益的冲突与协调，从而形成一套有效的企业利益相关者管理框架，本书从企业关键利益相关者的利益要求、利益相关者关系、企业使命与绩效之间的联系进行了多重视角的探索，提出了一套企业利益相关者管理框架，全书共分为七章，分别展开论述。

第一章主要对本书的选题背景与研究意义、研究内容、研究方法及基本观点、研究思路与基本架构进行说明。

第二章通过对企业利益相关者管理、战略管理及企业绩效等文献进行回顾，归纳了现有研究对企业利益相关者管理所存在的理论与实践层面的局限性；随着企业竞争环境的变化与企业自身条件的改变，应该考虑众多利益相关者的利益诉求，而不是只单纯地关注传统型利益相关者——股东一方的利益，企业是多个利益相关者组成的契约共同体。

第三章在文献评述的基础上考察我国企业利益相关者的界定与分

类，并对模型中研究假设的有效性进行验证。具体来说，本章将基于前人的研究成果，以我们调查问卷所得的数据为研究对象进行实证研究，研究利用调查所得数据，对已经界定出的利益相关者，运用层次分析法（AHP）进行多属性细分，利用决策支持软件包 Expert Choice for Groups，结合案例，对某企业的利益相关者进行综合分析，为利益相关者理论研究与实践在研究方法上开创了新思路，并具体考察不同属性对企业利益相关者管理的影响。

第四章在前述研究基础上，基于沪深上市企业数据对利益相关者导向的企业使命与企业绩效进行实证分析。企业利益相关者关系管理可能影响其经营管理目标的实现，作为利益相关者关系管理指示器的使命陈述已经成为企业公开披露其利益相关者管理行为方面的一个概括性描述信息，它们就像管理者希望企业被其利益相关者感受与理解的那样，这样会使原本简单的关于组织目标与使命的陈述包括承诺社会问题（保护环境、鼓励多样性、支持社区）等内容。本章研究表明，在企业使命中，通常包括一些基本要素（提及具体的利益相关者群体时），很少会对企业决策行动产生重大影响。不过，一些并不包含在惯例文献中的要素（如多样性和环境等社会问题）与企业利益相关者管理行动绩效是显著相关的。

第五章在相关文献综述与第三章和第四章实证研究的基础上，对影响企业财务绩效的两种典型概念模型进行评析，并提出企业利益相关者管理的利益相关者承诺概念模型，最后将前面的两种概念模型与本书提出的企业利益相关者承诺概念模型结合，就企业利益相关者对财务绩效影响评价的有效性进行对比分析，指出了我国企业在主要利益相关者管理方面存在的一些具体问题，并对第六章的研究提供了部分思路。

第六章在前述研究的基础上，对利益相关者管理与企业绩效提出三个假设和三个概念模型：从直接效应模型、调节模型到内在利益相关者承诺模型。上述实证研究通过相关性分析与多元回归分析，证实了企业关键利益相关者关系、企业战略与企业绩效之间具有显著正效应，并结合分步广义最小二乘法的回归分析进行相关检验，进一步证

实了利益相关者关系通过影响战略变量来影响企业绩效的内在利益相
关者承诺模型。本章还对这两个模型进行了相应的探索。并对这三个
模型进行了统计分析，以验证前文提出的各个研究假设，并就最终的
数据分析结果进行讨论，也更进一步证明了第五章的概念模型中规范
分析的研究结果，为企业利益相关者管理提供了理论基础与实践
指导。

第七章对全书的研究情况进行总结，并对该研究领域的相关问题
进一步研究进行展望。

第三节　研究方法与基本观点

如前所述，本书研究的问题本身就是在规范分析与实证研究的
基础上提出的，其本质就是要在企业战略分析、选择与实施过程中
解决可能存在冲突的利益相关者利益诉求问题，因而实质上是一个
规范性问题。在研究这一规范性问题时，本书采用了规范分析与实
证研究相结合的研究方法，即按照传统的提出问题、分析问题、实
证问题的一般思路进行。本书采用的规范分析为研究引出问题、分
析并解决问题奠定了基础，在广泛收集并整理数据的基础上进行的
实证研究将为本书后续的探索问题、验证模型和最终解决问题提供
依据。

一　研究方法

本书基于产业经济学、组织管理、企业战略管理、企业财务管
理、统计学等多学科的研究成果，综合多种研究方法，主要通过实
地调研法、比较分析法、规范分析法、实证研究法，研究企业利益
相关者管理与企业财务绩效之间的关系，研究企业利益相关者管理与
组织管理、战略管理。本书研究方法的特点主要表现为以下两个
方面：

（一）规范分析

自 20 世纪 80 年代中后期以来，中国学术界从事企业理论与企业

治理理论研究的相关人员就开始着手从国外引入企业利益相关者理论，并逐步展开了相关研究，由此也对中国企业管理理论研究与经营决策实践产生了较为深远的影响。只不过是由于在企业理论研究中部分盲从西方企业理论研究成果也有一些不当之处，尤其是只接受某学派的观点而漠视其他学派的观点的功利主义研究取向则变得避重就轻，误导了部分学者的理论研究与企业高层管理者的管理实践。因此，怎样才能比较全面地审视西方理论研究界的主流企业理论，尤其是企业战略决策与管理理论，如何将上述理论结合中国企业管理决策的实践就成为本书研究选题的初衷。

为了较准确地领会主流的企业管理理论，尤其是在企业经营与战略管理理论研究方面的最新研究文献，我们在一些主要电子资源网站上查阅了相当部分的国内外文献，并对一些最新出现的研究文献给予了重点关注。我们重点查阅了有关企业管理理论以及企业治理理论方面的中英文文献 500 多篇，其中英文文献有 400 余篇。在通读这些文献的基础上，本书还重点就企业战略管理理论与方法、企业行为科学、企业财务绩效、领导科学、员工成长等有关企业利益相关者管理方面的中外文献进行精读，在参与相关学术研讨会的过程中进行了相关文献综述，其间得到了博士导师及其他老师、朋友的指导与帮助，有效地提高了文献阅读效率，并使笔者避免了很多弯路。

梳理研究文献的最大作用，就是为本书的研究提供前期的指引，如一些研究方向为什么进展会如此缓慢而另一些研究方向又为何取得了较大的成果？他们所采取的研究方法与研究路线有什么不同？为什么这些不同方法与路线在研究中有时会得到相应的结果？有时采用相同的方法与路线或者相似的方法与路线却无法得到一致的结论呢？等等。带着这些问题，笔者在阅读文献中将一些重要文献进行分类、分级整理，试图建立一个利益相关者理论研究与实践运用方面的科研文献数据库（Noteexpress，一种国内广泛应用的文献管理工具软件），在整理与阅读这些文献的过程中，本书对企业利益相关者理论在企业战略管理中的运用给予了特别的关注，并对相关文献在这方面的广泛应用形成了较强烈的研究兴趣，思考着如何逐步将利益相关者理论应用于中国企业经营管理与决策的实践，尤其是在企业战略管理层面的实际可操作性方面给予了重点关注，这方面的研究具有诱人的前景，更是一个具有巨大创新空间的理论领域。

带着一种探索上述问题的期望，本书将文献研读过程中得到的一些初步认识逐步融入本书的规范性分析过程中。具体来讲，在第二章文献回顾中，我们将企业利益相关者理论的兴起、发展及其在企业管理，尤其是企业战略管理方面的应用的总体背景进行剖析与预测，重点研究了企业利益相关者理论与主流企业理论在一些根本问题上的差异以及生产这些差异的主要原因，这将为本书后面四章展开对企业利益相关者管理问题的实证分析夯实了一些理论基础。第三章至第六章以实证研究为主、规范性分析为辅的原则展开研究。第七章在前面四章规范分析与实证研究结果的基础上，尝试着从理论上得出一些企业战略管理层面的利益相关者管理策略，并对未来研究的可能方向进行一些较有研究意义的探索。

（二）实证研究

秉承理工类学校及有工科背景的管理学院注重严谨的规范分析和实证研究的传统与本书展开相关研究的实际需要，本书的实证研究从调查表的设计、预调查、信息反馈与调查表修改、信息的收集与整理、数据的分析及结果的解读等过程投入了大量的时间与精力。

总体来说，本书实证研究工作主要可以分为下面几个部分。

1. 调查的前期准备工作

本书的调查过程、问卷的设计与调整、调查网站的建设等工作几乎是同步进行的。从 2013 年 6 月底开始，笔者在与部分企业管理者访谈的基础上，结合前期文献收集与整理中的体会，吸收老师与朋友们的构思建议之后，开始就一些利益相关者管理问题进行初选并设计相关选择项。尤其是在心理学教研室部分老师对调查问题的相关表述提出修改建议之后，我们在暑假结束后形成了调查问卷的初稿。这次的调查问卷主要涉及企业相关人员对企业有哪些利益相关者、利益相关者有哪些利益要求、利益相关者利益要求有哪些特性、利益相关者利益要求的实现方式有哪些等问题。

2. 调查网站的建设与数据收集

为了提高数据的收集效率以及降低之后的数据标准化工作量，我们在研究中还请人为调查数据的收集与整理专门建立了调查网站，网站收集后数据可以直接从 Access 数据库直接转化为研究资料。

3. 对调查问卷与网站收集的资料的分析与整理

由于收集的数据有时间序列数据、截面数据和混合型数据，因此，数据的处理量比较大，我们在选择处理分析软件上也有所侧重。

二　基本观点

（一）存在的问题

从 20 世纪 60 年代以来，企业理论的研究领域随着全球经济环境的变化，企业战略管理理论的重要性日渐显现出来。企业财务目标在传统的企业理论上一般都会被定义为"股东利益最大化"。这种观点认为，股东拥有企业，而对于企业利益相关者对企业战略绩效的影响持漠视的态度，从理论研究和管理实践领域来看，这一现象在我国改革的初期表现得尤为突出，这明显制约了我国现代企业制度的发展与完善，探讨企业如何在其企业治理的架构体系中实现利益相关者的利益要求是当前企业理论与企业治理理论研究的重点问题之一。上述问题对于像我国这种处于经济转型与政府职能优化的国家来说，要实现经济社会和谐发展，更具有直接的现实意义。因此，本书以我国上市企业为研究对象，试图研究企业利益相关者利益要求的实现问题与企业财务绩效之间的联系，以期为改善我国上市企业治理结构、提高企业战略绩效做出一点贡献。

（二）改革建议

利益相关者理论对人力资本的重视契合了知识经济时代"人"的重要性提高的趋势，对企业利益相关者的关注也符合我国经济社会可持续发展的需求，弥补了"股东至上"的主流企业理论的缺陷，也引起了企业财务理论研究与实践领域的重视，运用利益相关者理论对企业战略目标的财务绩效进行研究成为企业战略管理研究的一个热点。

本书首先提出了适应我国企业利益相关者管理、基于企业利益相关者的属性细分的多属性三分法，对样本企业主要利益相关者的属性进行均值比较及 T 检验，最后结合实例，对企业主要利益相关者分类，并运用 AHP 法进行实证分析。结果揭示，我国企业主要利益相关者构成虽然基本与国外研究成果相一致，但却具有自身的鲜明特色，那就是企业债权人与政府这类企业利益相关者的重要程度远超过以往的研究成果，这种主要利益相关者的构成对于企业经营管理中利益相关者的取向有较大的负面影响。

我国企业利益相关者管理领域的实证研究主要通过评测企业社会责任绩效来分析企业利益相关者对企业经营的影响，但其未考虑企业经营环境变化和其他相关因素的影响，难以考察企业建立、维持利益相关者关系对企业财务绩效及企业利益相关者管理绩效的影响。

第四节　研究思路与基本架构

一　研究思路

如上所述，本书研究企业利益相关者管理与企业财务绩效之间的关系及其所包含的企业战略管理方面的意义。这一主要研究目标可以分解为下述几个方面：为什么企业要关注其所有利益相关者的利益诉求，而不仅仅是股东的利益？企业战略管理过程中谁才是其主要利益相关者或者企业利益相关者可以分为哪几种类型？企业战略管理过程中不同利益相关者有哪些利益诉求？在战略管理过程中如何协调这些可能相互冲突的利益诉求？本书的后述内容将采用规范分析与实证研究相结合的方法来解决上述问题。

二　基本架构

本书在研究过程中采用的基本架构如图 1-1 所示。

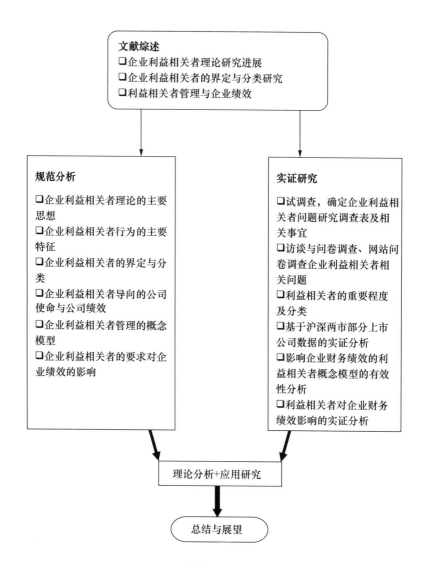

图 1－1　本书研究的基本架构

第二章 利益相关者理论与企业财务绩效研究概述

第一节 利益相关者理论的起源与发展

一 利益相关者理论的起源

利益相关者思想源于亚当·斯密的经济理论。他认为，只有当经济利益与社会利益存在一种"共赢"关系时，整个社会才会和谐地运转，他在其《道德情操理论》（2004 年）与《国民财富的性质和原因的研究》（以下简称《国富论》）（2003 年）中都曾有这样的观点。尽管斯密著作中的道德基础在今天常常被人们忽视，但利益相关者思想却使其经济、社会利益互动观点逐步为社会各界所承认，并发展成为支撑企业、政府或非政府组织去接受、最大化所有利益相关者价值共生关系潜能的思想基础。

一直到 20 世纪 60 年代，利益相关者理论才在社会经济发展水平较高的西方发达国家中逐步受到重视并迅速在全球范围内扩大其理论影响。其后开始逐渐地影响西方经济发达国家和地区的公司治理模式的选择与企业战略管理的实施，对企业经营管理与战略决策理论的发展起到积极作用（张立君，2002；陈昆玉，2002；贾生华、陈宏辉，2002）。进入 21 世纪后，由于经济全球化趋势日盛，现代企业将要在动荡与快速变化的利益相关者环境中从社会、伦理、经济等多视角重新审视企业利益相关者的利益要求与期望，这将对企业经营管理理论及实践活动产生巨大的影响。利益相关者理论与实践行为之所以会出现盛行的趋势，是有它较为深刻的理论基础与较为复杂的实践背景的。

进入 20 世纪 60 年代以后，西方新古典主义经济学在研究企业理论时所倡导的"黑箱"理念面临着更多的质疑与不满。其间，先后有研究者提出了一系列企业理论，上述文献以信息不对称交易、委托—代理理论、交易费用理论、不完全契约理论等为理论框架逐步展开研究，最后形成了所谓的主流企业理论。主流企业理论的基本观点是：企业所有者作为企业剩余风险的承担者，他们在法律框架内享有企业资产的所有权与控制权。

进入 20 世纪 70 年代之后，现代企业得到了进一步发展，但是，大量社会财富的持有者却依然缺少完整的控制权，有趣的是，控制企业的一些人也同样没有完整的所有权。在这一比较尴尬的情形下，企业所有者可能会将企业的控制权委托给企业的管理者，作为资产所有者代理人的企业管理者往往会被要求对作为委托人的企业资产所有者在相关法律框架内负有信托责任，也就是说，企业的高层管理者所做出的一切经营决策行为都要服从股东价值最大化这一目标。其中，股东的利益应该优先企业其他利益相关者的利益。

通过对主流企业理论发展历程的研究，我们可以逐步领会关于企业"黑箱"这一理念，也加深了我们对于企业经营管理本质的认识。只是主流企业理论也都几乎没有有效的办法来证明企业所有权就一定应该全部由企业所有者完整地占有。其中，他们所提出的"股东至上"与"资本雇佣劳动"的理念就像其他命题一样，存在无法弥补的漏洞或缺陷。从 20 世纪 90 年代初开始，主流企业理论框架体系已经在理论与实践层面受到了利益相关者理论的挑战（沈艺峰、林志杨，2001）。当然，还有部分理论研究者发现，在主流企业理论的框架中依旧可以找出利益相关者理论的影响（Freeman，1984；沈艺峰、林志杨，2001）。换句话说，企业管理者是一个组织（这个组织具有多重构成成员）的受托人，他们不应该只是企业所有者的代理人（Donaldson and Preston，1995）。

在上述主流企业理论成长的过程中，企业管理理论与实践也出现了一些不"和谐"的声音（沈艺峰、林志杨，2001），那就是企业利益相关者理论几乎是与主流企业理论同步发展起来的。企业利益相关者理论得以立足的关键在于：其理论基础随着社会经济发展水平的提高而进步，实物资本所有者在企业中的地位将呈现逐渐弱化的趋势（布莱尔，1999）。所谓弱化实物所有者的地位，指的是那些不"和谐"的声音开始质疑"企业是由持有该企业普通股的个人和机构所有"的传统概念。那些提出企业利益相关者理论的研究者一致认为，企业在本质上应该是一种受多种市场影响的企业实体，而不应该是仅仅由股东主导的企业组织制度。作为利益相关者理论的奠基者之一的布莱尔博士就说过："企业资产的所有者在本质上枉为理论上的所有者身份，因为他们并没有完全承担企业经营过程中的各种风险……这些所有者也几乎没有任何我们所期望的、其作为企业所有者本身所应有的典型权利与责任。"（布莱尔，1999）而企业其他利益相关者如员工和债权人也是承担了一部分风险的。既然"企业不是由其股东所'拥有'，并且股东也仅仅是一组对企业拥有利益诉求者之中的一员，那么我们就没有理由来继续认为股东的利益会或应该优于其他利益相关者"（凯·西尔伯斯通，1996；陈宏辉，2003；陈贵松，2010）。

布莱尔在研究中曾经指出："出于企业所有者只是承担有限的责任，因此，他们从理论上讲并不总是企业唯一的剩余索取者，这个有限责任也意味着股东的损失不会高于他们在企业里已有的投资。"

从收集的文献资料来看，关于企业利益相关者理论的研究基本上存在两大理论基础：首先是产权理论，其次是契约理论。在企业利益相关者理论研究中，同样耐人寻味的是，产权理论和契约理论也一直都被认为是"股东利益至上"理论最为坚实的思想根基（沈艺峰、林志扬，2001）。

利益相关者理论研究者从"企业是一组契约的连贯体"这一基本定义出发，把企业理解为"所有相关利益之间的一系列多边契约"（Freeman and Evan，1990），这一组契约的主体当然也包括管理者、员工、所有者、供应商、客户及社区等多方参与者。弗里曼和伊万（Freeman and Evan，1990）等利用契约理论中的某些要义反过来为利益相关者理论提供了理论支持（沈艺峰、林志扬，2001）。

　　利益相关者理论研究者坚持的另一个理论基石则是"产权理论"。原本许多人都会说古老的产权理论才是股东利益至上论的立足基础。不过，在众多的利益相关者理论研究者看来，以往人们看好的企业理论实际上对于企业产权的认识太短视了。一些利益相关者理论的支持者在与主流企业理论学者的辩论过程中就有人援引现代企业理论的鼻祖科斯（R. Coase）的话来巩固他们的理论基础。他们可能忘记了这样一种情形，那就是科斯曾经这样说："土地所有者的权利也是受到一些限制的……在任何一部规范的法律制度下都是如此。任何一种对某个人权利无所约束的制度安排都不可能是稳定有效的。"（科斯，1960）于是，利益相关者理论的研究者坚持必须从多元理论角度来重新定义企业产权等一些基本理论概念。而上述提及的所谓多元理论，指的是包括社会契约论、自由意志论、功利主义等在内的一些比较抽象的概念，这可能比较难以理解和接受。而利益相关者理论研究者在提及社会契约论时更是非常直接、有效地强调个人和企业群体之间在企业资产持有、分配与使用上应该达成某种协议（Donaldson and Dunfee，1994；1995）。布莱尔曾经说过：在市场激烈的竞争环境中，要在企业这样一个"黑箱"组织中较为完整清晰地明确企业的各种"产权"几乎是不可能在短期完成的。除大部分原因是企业的一些产权概念要完整理解起来的话，本身就十分复杂外，还有部分原因，就是企业控制权中只有一部分被赋予股东，而另一部分原因则是由企业各种利益相关者所掌控的（布莱尔，1999a）。因此，利益相关者理论研究者在研究企业理论时往往会不由自主地将"产权理论"作为其理论基石（沈艺峰、林志扬，2001；于东智，2002）。

　　在上述企业理论的讨论中，唐纳森（Donaldson）、卡罗尔（Carroll）、琼斯（Jones）、弗里曼（Freeman）等研究先驱结合了全球范围内一大批管理学家和经济学家的思想，发展并逐渐完善了利益相关者理论。

二　利益相关者理论的发展

　　20 世纪 60 年代以后，利益相关者理论的产生和发展是与企业当时所处的经营环境变化紧密相连的。60 年代末期以后，从全球经济社会的发展状况来看，企业推行"股东至上主义"的西方发达国家的经济遭遇了巨大的困难，而在一些企业经营决策过程中有更多体现"利益相关者理论"思想的新生经济体以及许多深受儒家文化影响的国家和地区的经济却能在全球经济发展中迅速崛起。诸多理论学者针对上述问题进行深入研究，得出了一致结论：形成这种强烈反差的根本原因之一就在于传统意义上的"股东至上主义"理念迫使企业各级经理人员始终处于追求短期利润目标的强大压力之中，从而使这些企业的高层管理者缺少时间或精力来讨论关于企业如何长远发展等议题，致使这些企业的战略管理者缺乏更加长远的目标，反而注重的只是企业的经济价值，而非企业的社会价值。回过头来分析诸如德国、日本一些国家尝试实行的内部监控型企业治理模式，其企业在各种经营决策活动中非常注重企业利益相关者的各种利益要求，并充分融合了人本主义的管理思想（Blair，1995）。在企业管理实践领域中，20 世纪 70 年代后期出现了一种从"追求卓越"转变为"学习日本"的风尚。出现这一苗头的重要原因，是一些全球化经营的企业从 20 世纪 70 年代开始几乎都普遍遇到了一些管理上的现实问题，其中包括企业社会责任问题、企业伦理问题与环境管理问题等。而上述问题都与企业经营与战略决策过程中是否充分考虑企业利益相关者的利益要求有着紧密的关系，上述问题迫切需要企业实践界和理论学术界进行相关研究来探索并最终逐步加以解决。

（一）企业社会责任

企业社会责任的理念是从 20 世纪 60 年代开始得到社会各界广泛关注的，其内涵也随着企业各种经营管理活动的加强而日益丰富。以往的那种普遍认为，企业只是生产产品和提供服务的工具的传统观点受到了越来越多的谴责。于是，社会各界逐步意识到作为社会经济系统中的企业不仅应该承担其相应的经济责任，还需要在企业的经营决策过程中承担相应的法律、道德和慈善等方面的社会责任（刘俊海，1999）。从此，人们对于企业社会责任的研究逐渐成为利益相关者理论的一个重要组成部分，甚至有时还有人认为，企业的社会责任就是利益相关者理论的全部。

（二）企业伦理

企业伦理问题是 20 世纪 70 年代以后企业管理理论研究的一个热点领域。由于前述原因，"股东至上"的公司治理结构往往会过分追求所谓的股东利润最大化，这样的企业多数会有一种无法抑制的冲动，在经营管理与决策活动中发生诸如以次充好、行贿受贿、损人利己等不顾利益相关者、违反商业道德的行为，有的甚至危害他人生命的违法行为。我们梳理一下近年来一些有违企业伦理方面的事件：巨人网络游戏的企业社会责任问题、东方航空公司集体返航风波、百度的竞价排名、分众无线的垃圾短信、平安高管 6000 万元薪酬引发的争议、富士康被指"血汗工厂"、娃哈哈—达能之争、欧典地板虚假宣传、朗讯（中国）"洋贿赂"事件，等等。我们知道，20 世纪 80 年代以后，日本高速成长的经济泡沫逐渐破灭，而美国经济则出现了连续 100 多个月繁荣的奇迹，直到 20 世纪末才逐步陷入衰退境地。从某种意义上说，正是世界各国经济在其不同时期绩效表现的差异性，引起了我们对企业理论的学术思考。也正是"齐二药"假药事件、银广厦造假骗局、冠生园月饼事件、三聚氰胺的"蛋白粉"事件、双汇瘦肉精事件、大众汽车柴油门丑闻，等等，这样一些与我们生活紧密相连的企业赫然在目。这些企业发生了违反商业道德的行为已经给企业及社会带来了重大的经济损失，也极其严重地损害了社会的信用体系，进一步损害了我们的社会价值（万建华，1998；陈宏辉、贾生华，2002）。企业在经营与决策中应该怎么去遵守伦理道德、遵守哪些伦理道德已经引起了社会科学研究者和企业管理实践人士的高度重视。

（三）企业管理与环境问题

企业环境管理问题已经逐渐演变成为现代企业在经营决策中一个无法回避的严重问题。进入 21 世纪后，我们在注重经济发展的同时，更应该注重经济效益与社会效益、生态效益的统一，注重环境的保护与资源的永续利用。回顾人类社会的发展历程，我们清醒地认识到，破坏环境就是破坏生产力，而改善环境就是发展生产力。实践已经证明，实现环境与经济"双赢"是促进社会经济可持续发展的重要途径。一些企业正是通过对污染的治理，提高了产品质量和生产效率，从而获得了经济效益与市场竞争力，并最终获得了良好的社会效益。因此，已有研究学者和企业管理实践人士开始认识到，基于利益相关者共同参与的战略性环境管理模式应该是解决企业环境管理问题的最佳途径。

现代企业在日趋激烈的市场竞争中要维持并增强竞争优势，就应该直面越来越多的企业利益相关者问题。这些企业不仅需要仔细考虑企业伦理问题，也需要承担相应的社会责任，更需要进行妥善的环境管理。这将会使越来越多的企业陷入管理迷惘之中：我们经营管理企业的目的就是要赚取利润，这本来是一件天经地义的事，怎么还需要考虑那么多的烦心事呢？有两位著名的社会学家曾经指出：20世纪60年代中期以后，社会公众对于企业的有力支持也崩溃了，包括企业在内的许多组织普遍遭受到公众信心下降的问题（乔治·斯蒂纳、约翰·斯蒂纳，2002）。

20世纪80年代以后，部分具有前瞻性的研究人员纷纷主动从利益相关者视角来分析与开展企业经营决策活动，目的是促使企业获得持续成长。尽管这种尝试在我们现在看来是微不足道的，但是，我们可以预想一下：这在当时需要多大的勇气才能进行这种尝试啊！而且上述尝试在当时也是小范围的、缓慢的一种企业管理变革，因为想在盛行"股东至上主义"的英国、美国等经济发达的国家实施这种变革会遇到巨大的阻力，即使是这样，利益相关者管理也逐步成为一种不可逆转的社会经济发展趋势（李心合，2001；张立君，2002）。

美国在20世纪80年代之后开始兴起的一股放松管制并导致了随之而来的敌意收购狂潮，给美国社会与经济的发展事业造成了许多意料之外的严重问题（沈艺峰，2000）。因为敌意收购者往往会宣称被收购目标企业严重地忽视了企业原始股东的利益要求，他们进行的敌意收购就是要维护企业原来股东的各种利益。问题是敌意收购一旦完成之后，目标企业的企业高层管理者一般都会遭到解雇，并通常采取关闭工厂、大规模解雇工人的措施来降低企业运营成本，以便能够快速地偿还当初完成敌意收购的贷款。尽管一般意义上的敌意收购会给目标企业管理层施加巨大的压力，从而迫使企业决策者花费更多的时间与更大的精力来听取来自华尔街的机构投资者的声音。这种敌意收购在某种程度上也确实会迫使部分企业进行一些改革以便提升企业股票价格，而目标企业的这些变革又往往同样会涉及裁员，提高成本管理效率或者降低对社会的各种捐赠。目标企业的这些经营决策行为都会在很大程度上损害企业利益相关者的利益，将可能造成一系列严重的社会遗留问题。在 21 世纪最近的一次国际金融危机之后，这种现象在我国也普遍发生过，典型的事件就是一些企业因为全球市场需求萎缩而导致工厂开工不足、企业管理者为降低成本就纷纷开始辞退一些员工，将这些员工推向社会，在当时曾经一度给社会稳定造成了相当大的压力，并曾引起国家高层的关注，引发了一些政府行为来制止这种企业的短期行为。

1990 年，在美国通过的《宾夕法尼亚州 1310 法案》则是一个标志性事件，利益相关者理论从此成为当今社会经济生产与企业经营管理方面有着重大影响的旋律之一（Donaldson and Preston，1995）。这一法案及其后的相关修正法案都不约而同地要求相关企业管理者在收购与反收购问题上更多地考虑企业利益相关者的利益要求（沈艺峰，2000；杨瑞龙，2001）。

三　利益相关者理论的近期研究成果

我们在梳理利益相关者理论的起源与发展过程中意识到：利益相关者理论并不是企业管理理论研究者坐在办公桌前一时兴起杜撰出来的。企业利益相关者理论不仅有着较为深刻的企业理论背景，更是致力于妥善解决企业经营管理决策中遇到的实践难题。基于历史应该与逻辑相统一的视角来审视利益相关者理论产生与发展的历程，我们会发现：在古典企业理论占据统治地位的传统经济时代，"企业为谁而存在"这样的问题几乎是存在一个标准答案的。企业资产所有者是企业法律框架内的所有者和企业各种权利的主体，企业各种经营决策活动应该遵循资产所有者的意愿。从资本主义经济制度存在以后，从私有财产的神圣性、不可侵犯性到企业股东的各种权利，一直以来都被视为完全市场经济体系中的"金科玉律"。古典经济学研究者和新古典经济学后续探索者都曾经把"股东利益最大化"作为一个基本的经济学假设，却将企业利益相关者的利益置于经营决策活动的讨论范围之外，至多也只不过是将企业利益相关者视为实现企业股东利益最大化的必要要素和条件来加以利用。然而，在进入 20 世纪 80 年代之后，"股东至上"的传统逻辑自然受到了来自企业管理理论和实践两方面的严重挑战，企业所有权安排在企业理论研究者面前再次成为一个难题，也成为法学家进行后续研究必须跨越的一道鸿沟。现实问题是，社会各界已经越来越清醒地意识到：企业实质上是一个"状态依存"的经济混合体，也是一个以各种契约为中心的社会关系网络。企业剩余索取权的拥有者不断向外延伸，已从传统意义上的企业股东逐渐扩展到企业其他利益相关者，包括管理者、员工、顾客、供应链商家、战略投资者、社会各阶层等（宋瑞卿，2001）。新时期企业理论研究中的企业剩余索取权观念已经发生了深刻的变化。首先是对企业内部股权原有结构的多元化和经营权、所有权分离的变化情形的普遍适应；其次是对企业其他利益相关者平等权利的逐步承认。现实中存在这种一种情形：企业管理者、员工、客户、供应商乃至企业所处的社区都是一些与企业在某种程度上存在密切关联的利益相关者。结合我们开始收集到的英文文献来分析，下面这些西方企业管理研究者及企业管理实践中的杰出人士对于利益相关者理论发展所做出的重要贡献是不能忽视的。利益相关者管理领域的奠基之作是弗里曼于 1984 年出版的《战略管理：利益相关者方法》（2006 年 9 月中文版由上海译文出版社出版）一书。弗里曼在该书中描绘了企业利益相关者概念及利益相关者的基本特征，他还从战略管理角度讨论了利益相关者对企业持续经营的作用，进一步对波特的战略管理思想起到了重要的推进作用。更为重要的是，弗里曼给出的利益相关者定义也成为最为经典的一个定义。如同琼斯当初在研究中指出的那样，弗里曼可能在当时还无法形成一个较为系统的利益相关者思想体系，但是，弗里曼的著作却正式确认：除股东之外的其他利益相关者的支持对于企业的生存与发展也很重要。加拿大企业理论研究者克拉克森在为推动利益相关者理论的发展过程中做出了突出贡献。1993 年 5 月，克拉克森在多伦多大学组织过一次关于利益相关者管理问题的国际性学术研讨会议，与会的一些企业管理理论研究学者及来自企业经营管理实践人士的一些富有成效的发言发表于《企业与社会》杂志 1994 年第 1 期。在这次具有较大影响的国际学术会议上做了主题发言的利益相关者理论研究者有唐纳森、弗里曼、克拉克森、琼斯、柯林斯、卡罗尔等知名专家，他们一致认为："企业存在的根本目标就是为其企业所有的利益相关者增加价值……企业是由利益相关者组成的一个社会经济系统。"（Clarkson，1995）

布莱尔（Blair，1995）发表的 *Ownership and Control：Rethinking Corporate Governance for The Twenty – first Century* 一书是利益相关者理论研究中的一部重要文献，也是关于企业治理理论和企业经营管理实践方面的一部系统著作（张荣刚，1999）。作为经济学家与法学家的布莱尔主要从法律视角分析当代社会经济条件下新型企业的"所有权"的经济意义，她（1999）认为："我们通常认为，企业股东是企业的所有者其实是一种很大误导；因为企业的股东并没有像我们研究中的理论所假定的那样去承担企业的全部风险，尤其是在当前社会经济条件下更加如此。"从我们在本书研究过程中所收集的文献来考察，发现一点有趣的现象：其实布莱尔更多的思想还会体现在她其他许多作品之中（Blair，1999a；1999b），尤其是从管理团队及生产效率的角度来理解，利益相关者在一个企业中的显著作用具有较为深刻的内涵。

英国首相布莱尔于 1996 年 1 月在新加坡发表演讲时正式提出，应该建立一种高效率的"利益相关者经济"——在这种新型经济体系中，他鼓励我们大家互相信任，企业之间存在一个共同的目标，即共同努力、共同受益。尽管有理论研究学者认为布莱尔首相的演讲只不过是一种作秀，为其所代表的英国工党拉选票而已。但是，他的这次演讲所带来的影响确实使"利益相关者"一词更广泛地为社会各界人士所接受。此后，研究企业利益相关者理论的文献便开始大量涌现。

　　总之，利益相关者管理问题是当前世界各国经济学界、管理学界、法学界、环境保护学领域等多学科研究的一个热点，也确实取得了一些令人兴奋的研究成果。关于这一点，唐纳德森（1995）曾经在一篇文献总结过，他说："企业存在利益相关者的观点在现有社会各领域内都已经成为管理学研究学术文献中的某种共识……而近来的一些主要研究进展体现在下面一些人的研究文献之中：克拉克森（1991）、伍德（1991）、古德帕斯特（Goodpaster，1991）、希尔和琼斯（Hill and Jones，1992）。"

　　从上述具体的分析过程我们可以发现：两种典型的企业理论在对企业经营管理的战略目标、企业经营管理的本质、企业战略管理与企业治理模式的演变等多方面都存在诸多不同认识。

　　在国内，进行利益相关者理论研究与实践探索的主要学者及其作品则有：早期的杨瑞龙和周业安（1997；1998a；1998b；2000；2001）、万建华（1998），随后还有李心合（2001）、陈昆玉（2002）、李维安（2002）、张立君（2002）等。不过，从总体上进行比较分析后还是发现：当前一些关于利益相关者理论研究的内容还是十分庞杂的，其中主要涉及的学科门类有管理学、经济学、法学、伦理学、社会学等多学科领域，而这些人所采用的研究方法中，既有偏学理性的规范性分析与工具性研究，也存在一些偏经验性探索的实证研究，只不过这些实证研究都过分偏向研究企业的社会责任问题。还有一部分则比较注重企业经营管理的微观层面，即过分关注企业内部组织结构的变革，也有一些关注国家政策的宏观层面行业政策分析。

　　目前，在国内学者中，要以杨瑞龙教授、贾生华教授、陈维政教授与陈宏辉教授等人对利益相关者问题的研究较为深刻，并逐步形成了一些较为完整的框架体系与思路。但是，整体而言，国内的研究者对利益相关者理论的研究依然还处于起步阶段，其中大部分研究都还停留在转述、转引西方经济发达国家研究学者的相关文献资料。

　　关于股东至上价值和利益相关者价值对比如表 2 - 1 所示。

表 2 - 1　　　　　　　　股东至上价值和利益相关者价值对比

	股东价值支持者	利益相关者价值支持者
企业使命价值	股东价值最大化	所有利益相关者价值最大化
决策中的优先考虑	股东利益	利益相关者
责任	对股东	对利益相关者
表现评价手段	股东价值：EVA、ROE、EPS	利益相关者满意程度
管理者补偿	结合经济价值创造	结合经济价值创造与利益相关者满意

资料来源：［美］史蒂文·F. 沃克、杰弗里·E. 马尔：《利益相关者权利》，赵宝华、刘彦平译，经济管理出版社 2003 年版，第 37—38 页。

第二节　利益相关者界定与分类

一　利益相关者界定与分类

（一）利益相关者界定与分类的早期探索

根据现有文献资料，企业利益相关者思想起源于亚当·斯密的经济理论，他认为，只有当经济利益与社会利益存在一种"共赢"关系时，整个社会才会和谐地运转（亚当·斯密，2003；2004），后来才在发达国家逐步发展起来。斯坦福研究院的一些学者于 1963 年提出"stakeholder"概念，不久，安索夫就将这个概念引入管理学与经济学等相关的研究领域，他认为："要制定一个较为理想的企业战略目标，就必须要综合平衡企业利益相关者之间相互冲突的剩余索取权，而他们实际上可能包括管理者、员工、供应商与股东以及分销商。"（Ansoff，1965）随后，沃顿商学院就开设了"利益相关者管理"相关的课程，这是为了将利益相关者理论应用于企业战略管理之中，并逐步为学术界与企业界所接受，并形成了一个初步的理论分析与实际应用框架。

（二）利益相关者界定与分类研究的发展

在从利益相关者理论的提出到其逐步发展的过程中，一个最基本的也是无法回避的问题是：怎样界定谁是企业的利益相关者。如果我们不清楚谁是企业的利益相关者，那么企业管理者又怎样为他们做"正确的事"呢？因此，企业利益相关者界定问题就成为利益相关者理论研究的起点。

在所有关于企业利益相关者的定义中，弗里曼的观点最具代表性，他的代表作《战略管理——利益相关者方法》被公认为是利益相关者理论正式形成的标志（Freeman，1984）。弗里曼在该书中指出，"企业利益相关者是能够影响一个企业目标的实现，或者受到企业为实现其战略目标所影响的所有个体或群体"（Freeman，1984），企业应该基于其利益相关者之间的极其复杂的关系来研究本企业的战略管理。弗里曼不仅将影响企业经营管理目标实现的个体或群体视为企业的利益相关者，同时也将受到企业为实现经营管理目标的过程影响的个体或群体看作企业的利益相关者，以上这些理念极大地丰富了企业利益相关者的内涵。同时，他还从所有权及经济依赖性和社会利益三个差异性较大的角度对企业利益相关者进行分类，这些有效的研究方法也为其研究利益相关者理论做出了贡献。他的观点与当时欧美国家正在兴起的企业社会责任观点极其相似，因而很快就得到了一些研究企业理论的管理学家与经济学家的广泛赞同。

20 世纪 80 年代开始的经济全球化趋势的发展以及企业竞争环境的急剧变化，给企业的经营决策带来了诸多影响，也因此使学术研究者与企业管理实践人士都逐渐认识到这样一个较为严重的问题：从"是否影响企业目标或者受到企业实现目标过程中的行为所影响"这个方向来界定企业利益相关者的想法过于宽泛。当然，对企业利益相关者界定的早期探索实际上从 20 世纪 60 年代早期就已经开始了，这一发展直到企业利益相关者理论在研究领域内日趋完善的 20 世纪 90 年代中后期。当然，更多的研究者是从较广义角度来审视企业利益相关者的。例如，"企业利益相关者就是所有可能影响企业经营管理目标的实现或受到这种实现上述目标的过程所影响到的个体或群体"（Freeman and Reed，1983），"企业利益相关者是一个企业在其成长过程中拥有或宣称拥有某种权利或者稳定利益的个体或群体"（Mitch-

ell，1997；Clarkson，1995），等等。对企业利益相关者的广义界定在实际操作过程中产生了诸多现实问题，例如，是不是应该把任一宣称在某个企业中拥有某种利益的人都看作企业的利益相关者呢？威勒指出：一些非社会性的个体或者群体也应该是企业利益相关者，比如，恶化或者可以改善的自然环境（Wheeler，1998）。之所以会将这些个体或者群体也纳入企业利益相关者的范畴，是因为企业日常的经营管理活动确实会对这些"个体或群体"产生影响（乔治·斯蒂纳、约翰·斯蒂纳，2002）。

在实际操作中，要对于"谁是企业利益相关者"这个看似比较简单的问题给出一个比较明确的答案也确实绝非易事。20世纪90年代之后，是利益相关者理论发展得最快的一个时期，一些企业理论研究者纷纷从相应视角分别提出了关于企业利益相关者的形形色色的定义。从利益相关者理论研究者的研究成果中可以找出各种利益相关者，如至少包括股东、社区、管理者、人类下一代、员工、公众、银行（投资者）、非人类物种、政府、顾客、工会、政治团体、竞争对手、教育机构、行业协会、分销商、媒体、环保组织、宗教团体、供应商，等等。米切尔和伍德的研究详细地总结了企业利益相关者理论产生及其发展的历史，表2-2归纳了自斯坦福研究院于1963年提出利益相关者到21世纪初前后40多年时间内由中西方学者所提出的近30种利益相关者代表性的定义。

表 2 - 2　　　　　　　　　利益相关者代表性的定义

时间（年份）	提出者	利益相关者的相关定义
1963	弗里曼和里德	利益相关者就是这样一些团体：没有他们的支持，企业就不能生存与发展
1964	雷恩曼	利益相关者依靠企业来实现其目标，而企业也依靠他们来维持生存与发展
1971	奥斯蒂德、杰努卡能	利益相关者是企业的参与者，他们为自己的利益与目标所驱动，而企业为了生存必须依赖利益相关者
1983	弗里曼和里德	利益相关者能够影响一个企业目标的实现，或者他们自身也受企业实现其既定目标的过程的影响

续表

时间（年份）	提出者	利益相关者的相关定义
1984	弗里曼	利益相关者是能够影响企业目标的实现或被企业实现目标的过程影响的团队或个体
1987	弗里曼和吉尔伯特	利益相关者是能够影响企业目标的实现，或能够被企业实现目标的过程影响的人或组织
1987	科奈尔和夏皮罗	利益相关者是一些与企业有契约关系的要求权人
1988	伊万和弗里曼	利益相关者是在企业中有一笔"赌注"的人
1988	鲍威尔	没有他们的支持，组织将无法生存
1989	阿尔哈法奇	利益相关者是企业对其负有责任的人
1989	卡罗尔	利益相关者能以法律名义或所有权对企业财产或者财产行使收益的权利
1990	弗里曼和伊万	利益相关者是与企业有契约关系的人
1991	汤普森和瓦提克、斯密	利益相关者是与某个企业有关系的人
1991	萨威齐、尼克斯、怀特赫德和布莱尔	利益相关者受企业活动的影响，而他们也会影响企业的活动
1992	希尔和琼斯	利益相关者是一些团体，它们对企业有一些合法的要求权
1993	布伦纳	利益相关者与企业有着一些合法、长期和稳定的关系
1993	卡罗尔	利益相关者在企业中投入资产，构成形式上的"赌注"，并通过"赌注"影响企业活动，或受企业活动的影响
1994	弗里曼	利益相关者是企业价值创造过程的参与者
1994	威克斯、吉尔伯特和弗里曼	利益相关者与企业相关联
1994	朗特里	企业应对利益相关者承担明显的责任；或者利益相关者对企业有道德与法律上的要求权
1994	斯塔尔克	利益相关者向企业投入"赌注"，它们会受企业的影响，也可以影响企业的活动
1994	克拉克森	利益相关者在企业中投入价值物，并承担风险

续表

时间（年份）	提出者	"利益相关者"的相关定义
1995	克拉克森	利益相关者是对企业拥有索取权、利益要求权的人
1994	纳西	利益相关者是与企业有联系的人
1995	布伦纳	利益相关者能够影响企业，也能被企业所影响
1995	唐纳德森和普雷斯拉	利益相关者是在企业活动中有合法利益的人或团体
2002	陈宏辉	利益相关者在企业中投资并承担风险的个体或群体
2009	邓汉慧	核心利益相关者是指那些在企业中进行了高专用性投资，直接参与了企业经营活动并承担了高风险的个体和群体

资料来源：米切尔、阿吉尔和伍德（1997），经过笔者整理。

　　从表2-2来看，中西方学者对于企业利益相关者的界定呈现出多样性发展，但对研究文献进行分析后就会发现：利益相关者理论至今为止都没有形成一个较为稳定的并能够得到社会各界普遍认可的定义（唐纳德森、邓非，2001）。我们从企业利益相关者界定研究的文献资料中发现，不同学者对企业利益相关者概念的领会有交叉，有时甚至是一个网状的企业利益相关者状态。而不同状态的利益相关者与企业的关系也因此会有差异性。另外，不同利益关系又可能会影响企业的利益相关者管理行为，从而可能影响企业的经营管理决策绩效。

二　利益相关者界定与分类的演变

（一）利益相关者分类概述

　　如果仅是界定企业利益相关者，就应该对企业利益相关者理论进行研究，并对企业进行利益相关者管理，其难度可想而知，尤其是我们想把企业利益相关者视作一个整体进行分析时，几乎没有办法得到一个让社会各界深信不疑的结论。唐纳德森就曾经这样说过："如果你想在一个企业中列出每一个可能有资格作为企业利益相关者的组织，这样做的后果则往往可能会将一些具有需求有很大差异性，而目标却又相互交叉的群体连接在一起。"（唐纳德森、邓非，2001）因此，在我们的研究界定了企业利益相关者之后，还需要进一步利用某些评价标准或利益相关者属性对众多复杂的企业利益相关者进行各种形式的、多维度的分类。虽然我们发现，在企业的生存与发展中离不开某些关键利益相关者的支持，但也不是所有利益相关者都会同时发挥相同程度的影响或作用。因此，可以从不同角度对企业利益相关者在不同时期、不同事件上的角色进行细分，从而为企业经营管理决策提供依据。

20 世纪 80 年代以后，欧美及日本等一些社会经济发展水平较高的国家或地区的企业理论研究者就已经普遍地意识到：仅仅停留在界定企业利益相关者层面的研究对于深入分析企业利益相关者对企业经营绩效的影响是远远不够的。这样，就在全球范围内广泛兴起了对企业众多利益相关者进行分类研究的热潮。当然，也在某种研究领域内取得了部分令人瞩目的成果，也就是这样一些成果依然无一不带有致命的缺陷——停留在一个思辨过程，而缺少对企业利益相关者进行分类研究的实证分析。具体来说，在 20 世纪 80 年代初期到 21 世纪初期近十年间，也出现了一些常用分析工具，其中，最具代表性的包括以下几种（陈宏辉，2004）：

弗里曼（1984）从所有权、社会利益和经济依赖性三个维度对企业利益相关者进行了分类，而分类的层次比较清晰：一是对企业资产拥有所有权的利益相关者，这部分利益相关者包括持有企业股权的管理者、董事与其他投资者等；二是与企业在各种社会利益上有着紧密关系的利益相关者，他们包括特殊利益团体、政府各级管理机构与相关的媒体等；三是与企业在经济上有严重依赖关系的利益相关者，这些利益相关者主要有企业管理者、客户、供应商、债权人、员工、竞争对手、地方社区及管理机构等（陈宏辉，2004）。

弗雷德里克指出，企业利益相关者是"对企业的政策方针能够施加影响的利益集团"。为了深入了解企业与其利益相关者的利益关系及其影响程度，弗雷德里克将利益相关者分为直接利益相关者和间接利益相关者。前者是指与企业经营管理与决策活动发生市场交易关系的利益相关者，他们主要包括股东、债权人、员工、代理商、供应商、同行业的及潜在的竞争者等。后者是指与企业的生存与发展过程中形成非市场交易关系的利益相关者，包括政府、公众与其他团体、社会团体、媒体等（Frederick，1991）。

查克汉姆按照利益相关者与企业之间是否存在某种交易性的合同关系，从而将企业利益相关者分为契约型利益相关者和公众型利益相关者。其中，契约型利益相关者包括股东、顾客、员工、分销商、贷款人、供应商；而公众型利益相关者则包括客户、政府部门、监管者、媒体、压力集团、当地社区（Charkham，1992）。

克拉克森（1994，1995）按照企业利益相关者的意愿提出了两种比较有代表性的分类方法。一种是根据利益相关者在企业的经营管理与决策活动中所承担的风险种类，可以将企业利益相关者分为自愿利益相关者和非自愿利益相关者。自愿利益相关者主要是指在企业的经营管理活动中主动与企业进行物质资本或人力资本投资的个人或群体，他们自愿承担企业经营管理与决策活动可能给其带来的风险；非自愿利益相关者是指由于企业经营管理与决策活动而被动地承担了企业风险的个人或群体。也就是说，企业利益相关者就是"在企业中承担了某种形式的风险的个人或群体"（Clarkson，1994）。另一种是根据利益相关者与企业联系的紧密性，可以将利益相关者分为首要利益相关者和次要利益相关者。首要利益相关者是指对企业生存与发展有着重大影响的一些人，包括股东、员工、投资者、供应商、顾客等；次要利益相关者是指间接地影响企业运行或者受到企业运作的间接影响，但这些人并不与企业直接发生交易，对企业的生存不会存在根本性的作用，比如媒体（Clarkson，1995）。

威勒首先将社会性属性引入利益相关者界定的研究过程。他指出：一些利益相关者是存在社会性的，他们与企业的关系直接通过各种复杂的社会关系而形成；另一些利益相关者却不具备社会性，他们必须通过"非人"因素和企业发生千丝万缕的联系，如自然环境、人类后代及非人物种等（Wheeler，1998）。威勒结合克拉克森在前面所提出的紧密性属性，将企业各类利益相关者大致分为以下四种：第一类是主要社会利益相关者，他们与企业有直接的关系，并且有人的因素参与其中，如顾客、员工、投资者、供应商、业务伙伴、当地社区、管理人员等；第二类是次要社会利益相关者，他们通过一些社会性活动与企业之间形成一种间接联系，如居民团体、相关行业的企业等；第三类是主要非社会利益相关者，他们对企业有直接的影响，但不与具体的某个人发生联系，如自然环境、非人物种等；第四类是次要非社会利益相关者，他们对企业有间接的影响，也不与具体的某个人发生联系，如环境压力集团等。威勒利用这两个属性对利益相关者进行四分法的结果如图 2－1 所示。

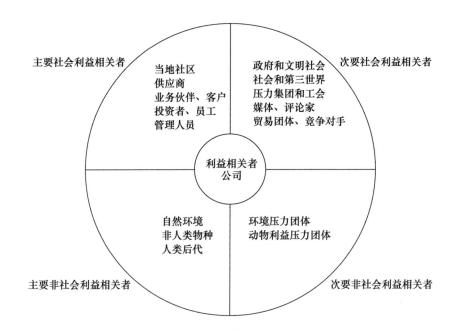

图 2－1 威勒的利益相关者分类

资料来源：威勒、西兰琶：《利益相关者企业：利益相关者价值最大化之蓝图》，张丽华译，经济科学出版社 2002 年版，第 9 页。

（二）利益相关者界定的新进展一：米切尔评分法

将多属性细分概念引入企业利益相关者理论的研究过程，拓展了相关研究者的思路，也提高了人们对企业利益相关者的进一步认识，尽管还有些操作方法可能还是比较普遍地停留在概念框架的研究上，因而缺乏较高的实务可操作性，这也就制约了利益相关者理论在企业经营管理与决策中的实际应用。米切尔和伍德提出了用一种比较有效的评分法对企业利益相关者进行初步的分类，其分析思路清晰，操作简便易行，因而受到了利益相关者理论研究界与企业经营管理实践界的普遍推崇，也极大地推进了利益相关者理论的研究进程与实践应用活动（Mitchell and Wood，1997）。米切尔在研究过程中曾经指出：利益相关者理论研究存在两个核心问题：一是利益相关者的界定，即企业有哪些利益相关者？二是利益相关者有哪些基本特征？即企业管理层依据什么来关注其利益相关者（Mitchell，1997）。米切尔从三个属性对企业可能的利益相关者进行综合评分，然后根据所得分数的高低，确定它是不是企业利益相关者，以及是哪一类型的利益相关者。第一个属性是合法性，即某个利益相关者拥有法律或道义上的对于企业剩余的索取权；第二个属性是权力性，即某个利益相关者是否拥有影响企业经营决策的能力和相应手段；第三个属性是紧急性，即某利益相关者的利益要求能否立即引起企业管理者的高度关注。

米切尔研究发现：要成为企业利益相关者，它必须要符合以上三个属性中的一个属性，也就是说，一个企业利益相关者要么对企业拥有合法的企业剩余索取权，要么能够紧急地引起企业管理者的高度关注，要么能够对企业的经营决策与战略管理施加很大压力，进而影响企业经营绩效，否则它就不能成为企业利益相关者。根据企业利益相关者的具体情况，米切尔对上述三个特性进行综合评分后，将企业利益相关者细分为以下三种类型：

第一类是确定型利益相关者：同时拥有合法性、权力性与紧急性。企业管理者为了企业生存和发展的需要，就必须随时关注他们提出的愿望和利益要求，并设法提高他们的满意度。典型的确定型利益相关者主要有企业股东、顾客与员工。

第二类是预期型利益相关者：与企业经常保持较密切的联系，拥有上述三个属性中的两个。这种类型的利益相关者又分为以下三种情况：第一，能够同时拥有合法性和权力性的利益相关者，他们迫切希望得到企业高层管理者的密切关注，而且也往往能够达到他们预期的目标，在有些情况下，他们甚至还会正式地参与到企业的经营管理与战略决策过程中来。第二，能够同时拥有合法性和紧急性的企业利益相关者，但他们缺少相应的权力来实现他们对于企业的利益要求。这种企业利益相关者要想达到目的，就还需要得到企业其他类型的更强有力的利益相关者的拥护。第三，能够同时拥有紧急性和权力性的企业利益相关者，但他们是缺少合法性的企业利益相关者。这种利益相关者对于企业经营管理与决策活动而言是极度危险的，他们在日常生活中往往可能会选择采取严重的暴力行为来寻求实现他们对于企业的利益要求。比如，在企业内部矛盾不断激化时，一些不满意的员工可能会发动破坏性极强的全面罢工，而全球性环境保护主义者甚至会采取示威游行等抗议行动来对抗企业破坏环境的各种行为，就连一些政治和宗教极端主义分子甚至还会选择在一些敏感地点发起恐怖主义活动来制造社会恐慌。

第三类是潜在的利益相关者：指只拥有合法性、权力性、紧急性中某一个属性的企业利益相关者。如果只是拥有合法性但缺少权力性和紧急性的利益相关者，随企业经营管理的决策活动情况而决定是否发挥其利益相关者的作用。而只是拥有权力性但缺少合法性和紧急性的利益相关者实际上只能处于蛰伏状态，当这些蛰伏的利益相关者在行使权力，或者威胁将要在某种情形下行使权力时就会被激活成值得高度关注的利益相关者。米切尔指出：只拥有紧急性但缺乏合法性和权力性的利益相关者只能是一些小麻烦制造者，令人烦燥但不危险，无须太多关注。

米切尔利用综合评分法对企业利益相关者按照属性维度进行分类，如图 2-2 所示，图中，①②③是潜在的企业利益相关者，④⑤⑥是预期型企业利益相关者，⑦是确定型企业利益相关者，⑧不是企业利益相关者（Mitchell, 1997）。

（三）利益相关者界定的新进展二：陈宏辉、贾生华的三维分类法

陈宏辉、贾生华（2004）借鉴多维细分法和米切尔评分法的研究思路，对我国企业利益相关者的分类问题进行了实证研究，陈宏辉与贾生华的研究从主动性维度、重要性维度和紧急性维度将我国现阶段的企业十种主要利益相关者细分为核心利益相关者、蛰伏利益相关者

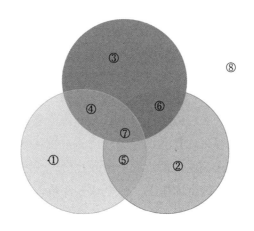

图 2 - 2   米切尔基于评分法的利益相关者分类

和边缘利益相关者三种类型。当然，这种细分可能会存在行业、地区及企业规模等特性方面的差异性，这是他们没有深入考虑的问题。

（四）利益相关者界定的新进展三：吴玲、陈维政的综合绩效评价体系的分类方法

吴玲、陈维政（2003）将企业对利益相关者的分类管理与分类管理的绩效评价结合起来，建立了具有绩效和管理双向信息反馈特征的分类管理定量模式。这个定量模式既使企业对利益相关者实施分类管理变得定量与可控；又使绩效评价真正起到对管理的导向作用，使利益相关者理论具有可操作性，并为企业通过对不同利益相关者实施分类管理来实现持续发展提供了理论指导和策略依据。

第一，建立了企业对利益相关者实施分类管理的绩效综合评价体系，解决了企业对利益相关者实施分类管理的绩效水平难以测度的问题，而对利益相关者关键因素的计算与分析也非常简单，因此，该定量模式的建立，使利益相关者理论在企业管理实践中具有较强的可操作性，使利益相关者理论得以从理论层面走向企业管理实践。

第二，将绩效评价与利益相关者管理结合起来，建立了利用绩效评价信息有效实施企业对利益相关者管理的模式和程序，使绩效评价真正起到了对管理的导向作用。

第三，使企业对利益相关者实施分类管理变得定量与可控。

第四，实现了定量管理与定性管理的结合，通过分类管理战略，确定对各利益相关者管理的原则、方法和手段；通过定量管理模型，确定对各利益相关者管理的重点和力度。

（五）利益相关者界定与分类研究的评述

在研读利益相关者文献时，我们发现，米切尔提出的利益相关者细分概念模型实际上是其中隐含着一个动态的概念：企业利益相关者在得到或者失去某些属性之后，就可能从其中的一种存在形态转换为另一种存在形态。有时会有这样的情形：某一个预期型利益相关者因为早已拥有合法性与权力性，如果企业面临的竞争环境发生了急剧变化，这样就可能致使他们的利益要求变得更加紧迫，他们此时就可能会快速地转换为企业确定型利益相关者。因此，我们在运用米切尔细分模型时，应该注意以下两个方面的问题：一是企业利益相关者是否拥有合法性，对于企业管理层来说，还不是应该给予其足够关注的唯一原因。企业高层管理者在细分企业利益相关者时还需要考虑具体企业在当时具体的竞争环境及其变化趋势。二是企业利益相关者的存在状态也并不总是维持在某个稳定的状态，企业战略目标变化、企业组织结构的变革、企业外部竞争环境的急剧变化等都有可能使利益相关者的存在状态发生变化。

我们在综合分析利益相关者研究文献后发现，欧美及日本研究企业利益相关者的学者对于企业利益相关者的界定与分类实际上还呈现出这样一条轨迹：从给出一个较为狭窄的定义开始，经历了一个较为宽泛的认识过程，其中还经历多维细分热潮，最后过渡到综合性定量评分法，所有这些工作对于提高利益相关者理论在企业经营管理的实践活动中的可操作性都具有重要作用（贾生华、陈宏辉，2002b）。

除此之外，在国内学者中，万建华（1998）、李心合（2001）等从企业利益相关者合作性与威胁性两个属性出发，对利益相关者进行了综合性评分及分类，最后根据数据，细分出以下四种类型的利益相关者。

（1）支持型（高低型）企业利益相关者特点：合作性强、威胁性程度低，是企业最理想的利益相关者。

（2）边缘型（双低型）企业利益相关者特点：对企业威胁与合作两个方面的意愿都不太高。

（3）非支持型（低高型）利益相关者：对企业潜在的威胁程度较低，而且合作可能性也较低，对于这类利益相关者，企业需要随时加以防备，以防止他们在关键时刻给企业造成重大损失。

（4）混合型（双高型）企业利益相关者特点：对企业的潜在威胁和潜在合作的可能性都较高，这种类型的企业利益相关者也是企业管理层要小心应付的角色，处理得好，就万事大吉；否则就会给企业带来严重甚至致命的伤害（万建华，1998；李心合，2001）。

陈宏辉、贾生华的三维分类法（2004）相对于米切尔的评分法及以前的相关研究确实有相当大的拓展，他们主要针对中国企业的利益相关者分类进行研究，为利益相关者理论研究及实证分析提供了基础，也对企业利益相关者管理活动具有实践指导作用。但是，他们这种对于企业利益相关者的分类研究的多维方法有待于进一步加强，首先是其选择的属性是如何确定的？有何依据？其次是这种多属性分类方法依旧沿用了米切尔的概念思辨方法，有待于进一步提高理论在实践中的可操作性。核心利益相关者、蛰伏利益相关者和边缘利益相关者是可以相互转换的，在具体的利益相关者管理活动中如何操作，这仍然是一个急待解决的问题。

吴玲、陈维政的综合绩效评价体系分类方法操作起来相当困难。首先是这种评价指标体系仍然是不完善的，受多种主观因素的制约；其次是标杆企业难以确定，也就是企业在实施利益相关者管理过程中具体的标准是不确定的；最后是企业利益相关者的多样性与动态性也会增加实施难度。

第三节　利益相关者管理与企业绩效

经济全球化时代，对于企业的外部要求在增多，而企业应对的内部弹性却在降低。企业管理者处于重压之下，饱受质疑与攻击。如何正确处理和协调企业内部利益相关者之间，以及企业与外部利益相关者之间的关系的问题日益突出，企业利益相关者关系概念由此浮出水面，成为企业战略管理中的一个重要范畴。

一　国外利益相关者关系研究的相关理论

弗里曼在其著作《战略管理：利益相关者方法》中曾经提出："给予企业利益相关者相应的关注是企业经营管理与战略决策过程中压倒一切的追求目标。"他还倡导企业在其利益相关者管理过程中要建立一种"道德型战略管理"系统来分析和设计有关企业经营管理的政策，以便企业对于企业利益相关者的利益诉求做出适当、灵敏的反应，企业还可以设计系统的利益相关者管理框架并将企业的外部环境考虑进来，这些理论的提出为理解利益相关者概念与评价企业利益相关者关系提供了坚实的理论基础（Freeman，1984）。

在弗里曼这本著作出版之后，研究利益相关者关系的相关文献主要围绕以下两个领域展开。

其一，社会科学流派围绕利益相关者关系展开了大量研究。这个流派又主要涉及两方面的研究：持描述性观点的研究者认为，企业管理者在日常的经营管理过程中往往是以某种特定方式行动的（Jones and Wicks，1999）。唐纳德森等在谈到上述观点时就曾经指出，将企业视为一个"受内在价值观支配的、兼有合作和竞争性的利益集团"（Donaldson and Preston，1995）。持有工具性观点的研究者认为，企业管者如果是以某种特定方式行动的话，则可能带来相应的结果。阿吉尔等（Agil et al.，2008）在他们的研究过程中发现，在企业利益相关者的内在价值观已经确定的情形下，如果我们还依旧按传统的衡量指标体系（如投资收益）来考核企业的经营管理绩效的话，那么，那些可以有效"管理"利益相关者关系的企业就要比那些未能这样做的企业好得多。琼斯在比较工具性利益相关者理论与新古典经济理论之后得出这样的结论：信任以及可信赖性和组织间的合作行为能够产生远比机会主义和自利行为更好的预期结果（Jones，1995）。依靠彼此间值得信任的方式来对待利益相关者的企业会在激烈的市场竞争中维持或者增强竞争优势。因为前者能够有效地降低企业运营成本。得出同样研究结果的还有克拉克森。他认为：从企业发展的长远目标来考察，企业只有给主要利益相关者创造价值才能生存并发展增大（Clarkson，1995）。克洛宁格（Cloninger，1995）认为，如果企业不能有效地管理利益相关者关系，企业的声誉资本将会陷入一种危险境地，甚至最终导致破产。

其二，规范性流派或者叫作企业伦理流派围绕利益相关者关系管理也做了大量的基础性研究工作。这个流派的主要观点认为，企业管理者应该以某种特定的方式对利益相关者的利益要求做出恰当的、即时的反应。这种观点理解起来比较容易，但在实践操作过程中的难度是可想而知的。规范性流派的上述观点存在一个假设条件，即假定企业利益相关者都是存在一定价值的，而不管他或者是他们的实际身份或地位如何。上述假设来源于哲学体系中的一些价值观念或者从中推导出来的一些公理性的规范和准则。如在康德的哲学思想中就可以找到关于绝对命令论的思想基础，这些思想也是构建企业利益相关者理论的基石。在上述思想基础上，规范性流派主张任何社会经济系统都必须要有一种能力使社会经济系统中的每个人受益，而每个人都必须在社会经济系统的运行中具有平等发展的经济机会。因此，企业是一个既可以提供一个平等机会又能破坏这个平等机会的经济子系统，企业经营管理与战略决策活动就应该能够保证利益相关者的合法利益。规范性流派为利益相关者理论提出了基础性并带有终结者性质的理由：企业与利益相关者之间的利害关系是相互的。规范性流派的观点虽然主要与企业经营管理和战略决策活动的伦理性质有关，但也并没有完全忽视经济上的某种必要性。

琼斯在总结上述两种流派的观点时强调，企业对于利益相关者关系的关注可以对市场或人为因素带有某种包容性，或者说市场或人为因素之间并无不可调和的矛盾（Jones and Wicks，1999）。琼斯的总结在谈到无论是工具性的还是规范性的观点在理解企业利益相关者关系时，都能够为企业经营管理与战略决策活动所采用，并建立战略型利益相关者关系。

约瑟夫·斯蒂格利茨于 1995 年首次提出的多重委托—代理理论，又称为"利益相关者理论"。这一理论认为，企业存在许多个利益相关者。值得一提的是，因为社会经济发展水平的迅速提高，目前在部分国家的法律框架中早就不再提及"企业目标是追求价值最大化"了，而是转向倡导要满足企业利益相关者的不同利益需求。约瑟夫·斯蒂格利茨在这个理论中说，企业的经营决策被描述成众多利益相关者发挥合力的结果。因此，共生互动利益联系、互惠互利是利益相关者的核心所在，契约是利益关系得以维系的基础。这个过程也就是企业利益相关者和企业相互影响共同实现平衡的过程（潘立侠，2009）。

二　国内利益相关者关系管理的相关研究

邓汉慧等在研究了程序公正性与企业利益相关者信任关系之后，主要探讨企业管理者决策程序公正性对企业利益相关者之间信任关系的影响。他们认为，程序公正是组织公正研究领域的重心与热点问题；组织公正包括分配公正、程序公正、交互公正；交互公正分为信息公正与人际公正。程序公正是用于决定结果的方法、机制与过程的公正性（R. Folger，1989）。企业决策程序的公正性对企业利益相关者之间的信任具有以下三个方面的影响。

首先，企业能在决策过程中体现程序公正性将使利益相关者产生承诺、信任，调节分配公正的效果，可以抵消分配不公正带来的负面影响。程序公正与组织承诺和公民行为呈正相关关系。如果企业管理者和员工及企业其他利益相关者相信企业在制定战略、管理决策过程中实行了程序公正性，那么，他们对于决策的过程和结果就会产生强烈的支持意愿。这也就提高了他们对企业决策的顺从度。

其次，企业出资者、股东较倾向于主张与保护自己的利益，而企业经营者、员工、顾客、供应商往往会倾向于主张利益均衡。

最后，有利于构建高度信任的企业利益相关者关系。信任是一方（信任方）对另一方（被信任方）的行为所愿意负责和接受的程度。高度信任表示交往的双方是相互信任的，各方都不会利用对方的弱点来谋求私利而损害对方的利益。高度信任能产生信用乘数效应，这是因为，在一般信用博弈中，委托人根据自己的判断，认为代理人可信，从而先给予信任，形成触发战略，没有先给予信任的触发战略，整个交易就无从开始。

有研究表明，组织的公正感与成员对组织的信任之间有重要关联。程序公平产生信任，建立在信任基础上的工作关系能降低企业的交易成本与企业的管理成本，并使企业之间、各部门之间的信息交流更加快捷、可靠，减少了彼此之间的监督及对信息的甄别成本，有利于企业组织结构的扁平化，改善上下级关系，缩小管理者与普通成员的情感距离，产生共享隐性知识的意愿。显然，在高度信任条件下，交往的双方通过信任实现的决策、协调、约束和简化双方行为的目标所得的利益是好于其他所有类型的支付或利益的（邓汉慧等，2009）。

谢钰敏和魏晓平（2006）在研究项目利益相关者管理（Project Stakeholder Management，PSM）时，针对其利益相关者管理的差异性提出，项目利益相关者管理是对项目管理目标战略性转变的主动性适应，并提出了项目利益相关者管理战略，即战略性伙伴管理，就是为综合平衡各利益相关者的利益要求而进行的战略性管理活动，通过这些活动建立与维持和谐的利益相关者关系，并最终保证项目实施。赵德志和赵书科（2009）在研究利益相关者理论对企业战略管理的影响后提出，企业应该重新定位企业与利益相关者的关系，并将企业利益相关者关系看作竞争优势的新来源，从而变革战略理念与战略行动。他们指出，企业所面临的竞争环境日益复杂，其战略管理与决策行为也就更多地呈现出动态化、系统化的特征。因此，企业经营管理实践领域越来越急迫地要求我们用更新、更有效的方法来加强企业利益相关者关系管理。

三　利益相关者关系及其测量方法

国内外研究学者在利益相关者理论及管理实践的基础上，提出下述一些具有代表性的企业利益相关者管理行为、利益相关者关系与企业经营绩效方面的理论模型来管理企业利益相关者。伯曼、威克斯、科哈（Kotha）、琼斯等（1999）在弗里曼早期研究工作的基础上，提出的利益相关者战略管理是一种工具性的利益相关者管理方法。利益相关者战略管理方法认为：为了能够确保长期股东价值最大化，企业管理者尤其要注重关键利益相关者的关系，注重企业利益相关者管理行为。企业管理者的一举一动与它的每一名利益相关者都有切身联系，谨慎管理企业的运营环境，包括管理好与所有利益相关者的关系，是优秀企业管理的一个重要组成部分。对企业来说，成功管理好利益相关者关系，其价值是显著的。

（一）RDAP 模型

在对企业社会绩效评价问题的研究中，卡罗尔（1979）建议，企业在承担社会责任时可以使用四种策略（RDAP）——对抗型策略（Reactive）、防御型策略（Defensive）、适应型策略（Accommodative）和预见型策略（Proactive）来处理经济、法律、道德和其他社会责任。克拉克森（1995）将卡罗尔的模型用于利益相关者管理，认为对不同的利益相关者，企业可以采用四种相应的管理策略，或者采取相应的行为来建立、维持适宜的利益相关者关系。这些策略的具体含义如表2－3所示。

表 2－3　　　　　　　　　　　四种利益相关者管理策略

策略类型	定位或含义	绩效
对抗型策略	否认责任	比要求的做得少
防御型策略	接受责任但拒绝承担	尽量少履行
适应型策略	接受责任也希望获得补偿	仅做所要求的事
预见型策略	预测责任并承担责任	比要求的做得多

采用对抗型策略主张主要是基于一种反对解决企业利益相关者问题或者漠视、忽视企业利益相关者的逃避社会责任或法律责任的行为。如四川盐化公司拒绝在1997年7月26日进行因水源污染金沙江做一些持续性的补救措施，而不管在此之前四川盐化公司的补救工作是否真的已经到位。采取防御型策略的企业其实只需最低限度地关注利益相关者问题，或者接受社会的批评但不同意负有主要责任。企业

选择适应型策略的原因主要是在处理利益相关者问题时缺少主动性。如双汇企业因为瘦肉精事件本来可以采用防御型策略来应对企业利益相关者关系难题的，但由于企业管理者错误地采用了被动适用策略，其直接结果是，企业在短期内损失大量市值，更重要的是，企业在消费者形象方面的损失是无法衡量的，在短期内是无法弥补的。企业采用预见型策略，要求企业管理者在日常的经营管理活动中尝试着关注特定利益相关者的利益，提前做好大量前期的准备工作，做到防患于未然。如金地房地产公司在处理与消费者购买商品房的相关合同时就充分考虑到在国家出台新的商品房销售政策的影响下可能会出现一些客户无法在短期内付清房款的现象。因此，企业在与客户签订销售协议书时补充了相应的合同执行条款，以防止因为政策变化给交易双方带来无法成交的经济损失。

在上述四种策略中，后两种策略较前两种策略更容易让企业利益相关者接受，尽管前两种策略是合法的。当分别考虑这四种策略时，预见型策略所需资源最多（管理关注与财务承诺），而对抗型策略所需资源最少。例如，采取预见型策略对待员工报酬问题（支付奖金、提供股票期权与利润分享等）就比采用防御型策略（仅支付工资与强制性津贴）所需资源要多很多。

（二）分类管理模型

万建华（1998）、李心合（2001）等经过大量研究后发现，企业不同利益相关者威胁企业生存与发展或与企业合作的可能性大不相同。影响利益相关者与企业进行合作或潜在性威胁企业的因素有：①利益相关者行动的分类；②利益相关者实力与企业的对比度；③利益相关者是否掌控企业所急切需要的关键资源；④利益相关者是否有同盟军。企业根据利益相关者上述四个影响因素的实际情况，并对照表2－4来判断利益相关者威胁企业的可能性和选择与企业进行合作的可能性的高低情况。从企业利益相关者合作和威胁两个属性的可能性度量对企业利益相关者进行分类，细分出支持型、边缘型、混合型和反对型四种类型的企业利益相关者。

表2-4　影响与企业合作潜力或威胁企业生存可能性的影响因素

利益相关者情况	合作潜力	威胁潜力
控制企业需要的关键资源	增加	增加
无法控制关键资源	降低	降低或增加
比企业更有优势	增加	增加或降低
与企业一样有优势	增加或降低	增加或降低
不比企业强	降低	增加
可能选择支持行动	降低	增加
可能选择不支持行动	增加	降低
不可能选择任何行动	降低	降低
可能与企业建立联合阵线	增加	增加或降低
可能建立联盟	降低	增加
不可能建立联盟	降低	降低

根据上述研究分类结果，格兰特（Grant，1991）、万建华（1998）与李心合（2001）等研究者提出了与之相对应的利益相关者具体管理策略，如图2-3所示。

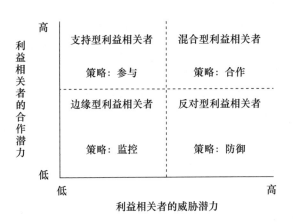

图2-3　利益相关者的特征分类与管理策略

资料来源：根据相关文献整理。

支持型利益相关者能够给企业造成的威胁性低，但他们选择与企业进行合作的可能性则很高，这是一种企业最理想的利益相关者，企业管理者希望几乎所有的利益相关者都是这种类型，但现实情形却总是不尽如人意。通常一个利益相关者管理有效的企业，支持型利益相关者包括企业董事会、母企业、管理者、员工、供应商、服务提供者以及部分非营利性组织。对于支持型利益相关者，企业应该选择采取参与式管理策略，根据参与性程度的高低，按照管理原则（广泛动员企业基层或者低层管理者积极参与企业的各项管理活动）或权力集中差异性原则（权力分散到中低层管理者中去）与企业各个层次的利益相关者分享经营管理与战略决策权。可悲的是，在一些企业的实际经营管理中，上述利益相关者被企业高层管理者经常有意或无意地忽视，因此，他们能够与企业进行合作的潜能也可能未被企业高层管理者注意或重视。

边缘型利益相关者能够给企业形成的威胁和选择与企业进行合作的可能性都会很低。虽然他们在企业经营管理的决策活动中存在一些潜在的利益诉求，但是，他们大多数时间内对这些问题不太敏感，因而也就没有给予这些问题太多的关注。对于大中型企业而言，边缘型利益相关者可能包括普通消费者、中小股东、员工职业联合会。但是，在遇到一些特殊问题时，诸如产品安全及环境污染则可能会影响企业多个利益相关者的利益，从而导致边缘型利益相关者的共同行为，这时给企业造成的威胁或选择进行合作的可能性就会大幅度增加。对于边缘型利益相关者，企业较为有效的管理策略就是保持对这种类型利益相关者的时刻监控，以应对企业经营管理环境的变化。

对于企业混合型利益相关者的可能性威胁与对于企业的潜在性合作都较高的利益相关者来说，有人建议开展广泛的协作策略，从而避免无谓的对抗。

反对型利益相关者威胁企业经营管理与决策活动的可能性较高，而选择与企业进行合作的可能性却较低，是企业经营管理过程中较难应付的一类利益相关者。这类企业利益相关者往往带有较强的权利属性，企业应该选择一种迂回型管理策略来防御这类具有较强进攻性的利益相关者。尽管这种迂回型管理策略不太为多数企业的管理者所接受，但它是一个有效的防御策略。一个典型例子就是东方航空公司在飞行员选择返航风波之后就对企业关键性利益相关者采取了迂回型管理策略，对飞行员提出的利益诉求先是寻求上级主管部门的介入，然后通过媒体宣传来发起攻势，并最终成功地化解了这次具有较大影响的返航风波。

万建华等综合上述四种企业利益相关者类型及其选择的管理策略进行相应匹配后得出如下结论：企业管理层应该选择最低限度地满足边缘型利益相关者的需求以及最大限度地满足支持型及混合型利益相关者的利益诉求，并同时提高这些利益相关者对企业经营管理活动的支持力度（万建华、戴志望，1998）。

（三）利益相关者管理的 QJX 模型

吴玲、陈维政等指出，RDAP 模型并不完全适用于中国所有企业的利益相关者管理。他们通过规范分析与实证研究后发现，我国企业对政府、股东、顾客的所有管理措施的执行力度都较强，即企业需要全方位地努力去满足这些利益相关者的利益需要，他们称为全面满足型策略，用"全面"第一个汉语拼音字母 Q 指代，称为 Q 策略。Q 策略需要企业给予利益相关者的关注最多，当然，耗费企业的资源也最多，最后得到的结果是这类利益相关者的满意程度也最高（吴玲、陈维政，2003）。

研究还发现，企业对所在社区的所有管理措施执行力度都弱，企业仅仅基本满足利益相关者的利益诉求，陈维政、吴玲两人称之为基本保证型策略，用"基本"的第一个汉语拼音字母 J 指代，称为 J 策略。J 策略虽然不能使企业的利益相关者感到满意，但是，企业所耗费的资源却是最少的。

研究的结果除上述结论之外，还发现企业对员工、供应商、债权人与分销商的部分管理措施执行力度不是太弱，而部分执行力度偏弱。因此，企业可以选择地满足这些利益相关者的利益需求，吴玲、陈维政两人称之为选择适应型策略，用"选择"的第一个汉语拼音字母 X 指代，称为 X 策略。X 策略需要耗费企业的资源介于 Q 策略与 J 策略之间。

（四）企业经营绩效

企业经营绩效是对企业实现经营活动过程及其结果做出的一种价值判断。不能衡量就不能管理（夏新平、李永强、张威，2003）。通过对企业经营业绩的评价，企业利益相关者可以了解企业经营业绩的信息，实现自己的利益要求，并及时发现问题或者做出决策，从而实现企业利益相关者共同利益的增长。

1. 西方国家企业业绩评价理论的形成与发展

在1891年泰罗创立科学管理理论以后，企业管理研究与实践领域就如何评价企业经营绩效进行了广泛深入的研究。经过一百多年企业管理研究与实践领域众多人士的积极拓展，西方主要资本主义国家市场经济形态和现代企业制度逐步完善起来了，而作为现代企业管理重要内容的经营绩效评价的思想和理念也得到了持续发展和不断创新。这些企业经营绩效的评价框架主要包括企业的组织机构的运行效率、收益类指标体系的健康状况、对社会贡献的评价体系、对股东的服务的持续性能力、对董事会负责的企业业绩分析报告的质量稳定性、企业财务政策执行力量、企业生产效率的发展趋势、企业主要产品的销售及组织力量的评价、对企业职业经理人激励的有效性及其评价体系等。

伴随着企业理论研究与实践领域内的相关变革，20世纪90年代初，机构投资者及多家全球有名的管理咨询机构及众多的会计师事务所在继续关注企业资产回报率的同时，逐步兴起了一股热衷于分析企业财务报表中现金流量的热潮。对现金流量表进行了更具体的分解与综合，提出了诸如权益现金流量、流动负债现金流量、总负债现金流量等指标衡量企业的经营绩效，有的甚至建立了企业现金流量表分析体系或者设计计算机软件分析系统来预测企业的现金流量。这是因为，传统的财务报表中，利润目标的实现是以现金流量为基础的，如果我们只是单纯地考察资本回报水平，就可能很容易被一些企业的管理者进行的"利润操纵"所蒙骗。1992年，提出来的平衡计分卡是西方国家对现代企业经营绩效评价理论和实践的一次富有成效的、重大的创新。平衡计分卡从财务角度、顾客角度、内部角度和未来角度四个方面结合企业跨部门互动来实现：①把财务的与非财务的价值创造评价结合起来；②把当前的与未来的价值指标结合起来；③重点放在顾客、员工与股东价值创造上；④提供对于价值创造的内部与外部环境分析。这四个方面综合起来就可以形成一个综合企业经营绩效的动态指标体系，只有企业每个部门对于价值创造过程中产生的问题所采取的处理办法，才可能做到协调一致而且是长期性的。

2. 我国企业经营绩效评价体系的发展

我国企业经营绩效评价体系的研究经历了较为曲折的发展历程，而这种较为复杂的探索历程不可避免地带有较深的时代烙印。与西方国家企业经营绩效评价体系产生的社会历史背景不同，我国企业的经营绩效评价体系并不是出于企业诚信和提高资源配置效率的需要，而是为了满足国家或政府为进一步加强对国有企业经营管理的需要。尤其是在社会主义经济体系还不完全成熟与健全的情形下，企业经营绩效的考核往往还只能停留在生产计划的完成程度上，还谈不上产量质量或者消费者的满意度等多种非常复杂的企业经营绩效评价体系的建立。

3. 新经济条件下基于价值成长企业战略经营与绩效评价框架的建立

20世纪90年代开始，随着信息技术作用的不断加强，网络经济时代开始逐步影响我们的生活及生活节奏，被人喻为"新经济"时代的到来，市场竞争格局瞬息万变，从而导致企业之间的竞争与合作程度在全球范围内急剧变化。在这种情形下，企业要生存和发展就更加依赖于拥有战略眼光和长远战略目标。企业管理理论研究与企业业绩评价系统也应该适应企业竞争环境的变化。

人类社会进入信息化、网络化、全球化时代之后，企业的经营环境发生了巨大的变化。具体变化体现在以下几点：人们维持生活的基本产品的市场需求已基本饱和，市场上众多挑剔的消费者追求的将是产品的高品质和差异化。消费者偏好的快速变化使产品更新换代的周期不断缩短，企业必须准确地预测顾客未来的需求及其变化发展的趋势，具备较强的产品创新能力并能够引导市场的消费潮流。随着市场上交易双方信息渠道的逐步增多，企业只有不断增强猎取信息及时性和准确性的能力，才能增强根据市场要求做出快速反应的能力。

在这种新经济背景下，企业的经营管理目标再不能只是停留在产量、销量的最大化以及获取当期利润的层面上了，这些都是一种短视的经营策略。此时，企业必须主动地适应外部竞争环境的迅速变化，追求企业持续增长的更加长远的战略发展目标。现代企业的战略管理就是基于上述这种转变：注重目标的长期性、利益的全局性和影响因素的全面性。目标的长期性是指企业经营绩效评价体系在考核具体的企业经营绩效时应该积极引导企业将长期目标与短期目标统一，短期目标服从长期目标的需要，企业战略经营管理为实现企业长期利益最大化服务，使企业保持长期的竞争优势并通过短期的阶段目标来增强企业的竞争优势；利益的全局性是指企业经营绩效评价体系在考核具体的企业经营绩效时能够推进企业局部利益和整体利益的统一，企业局部利益服从企业整体利益；因素的全面性是指企业经营绩效评价体系在考核具体的企业经营绩效时可以同时考虑企业内、外环境的影响，将企业高层管理者的战略眼光从企业内部扩展到企业外部，最终实现企业和环境的动态协调。

从前面的分析可以看出，企业要取得成功，必须与其利益相关者保持良好的关系，并且知道如何最大限度地利用这些关系。从商业的角度来看，企业会自然地把工作重点放在客户保持上，但是，企业必须同时考虑与雇员以及与其他利益相关主体的关系，例如，经销商、媒体、股东等，所有这些主体均能对企业业绩产生重大影响。这些能够帮助企业测量、管理和监控这些关系，并提供可执行的解决方案，以便企业进行优化管理，取得最大的成功。

当今世界正上演着前所未有的激烈竞争。仅仅提供好的产品或服务已经不能再保证稳定的收益。了解并有效地管理内外部利益相关者对企业的评价变得至关重要，无论是客户、雇员、股东，还是供应商、经销商、零售商以及媒体。

四　本书的观点

本书认为，企业战略都有一个强烈的目标作为支撑，那就是获得超过竞争对手的持久的竞争优势，保持有利的竞争地位，从而获得高于行业平均水平的利润率。利益相关者理论强调企业长期生存和成功依赖于企业与利益相关者网络的互相作用，认为有利的利益相关者关系对企业和社会都会产生长期的竞争优势。对积极的利益相关者关系和竞争优势之间联系的日益关注至少在四个领域被表明：

（1）未能建立和培育利益相关者关系产生了股东风险；

（2）与员工之间、与供应链和企业盟友的牢固的关系是企业管理创新的先决条件；

（3）密集的关系网络为新市场和机会的开发提供必要的资源和信息；

（4）关系是好的声誉的源泉，并能增加品牌价值，这两者会产生巨大的企业利益。并准备从调查数据对上述观点进行进一步的实证研究。

小　　结

本章介绍了20世纪80年代以后利益相关者理论的发展历程，对利益相关者理论及相关理论进行文献综述，所要解决的主要问题是企业为何要关注其利益相关者、企业有哪些关键利益相关者、企业利益相关者关系的类型及测量方法有哪些、企业经营绩效有哪些衡量标准等。因此，本书分析利益相关者理论、企业战略绩效理论与模型与主流理论及模型之间的分歧和差异，并通过这些分析来突出企业因为竞争环境的变化而应该建立积极的利益相关者关系来实现其战略绩效的目标。

从文献中可以看出，无论是学术界还是企业管理实践领域，对于利益相关者理论与实践的认识都有较大的差异性，迄今为止，利益相关者理论还远非一个完善的理论，甚至可以说有许多各种原因造成的研究缺陷等有待于我们从理论研究到实践领域进行逐步完善。仔细、耐心地梳理这些文献，较快地弥补这些不足之处是未来相关研究的主要方向。

第三章　利益相关者的重要性程度及分类

本章在文献回顾的基础上考察我国企业利益相关者的界定与分类，并对企业主要利益相关者的重要性程度的有效性进行验证。首先，对企业利益相关者进行界定，并确定企业的主要利益相关者。其次，基于文献回顾的成果，通过我们调查问卷在设计与制作的初期体会，对影响利益相关者重要性程度的关键属性进行分析。再次，利用调查所得数据对已经界定出的主要利益相关者的多属性进行实证分析，为利益相关者理论研究与实践在研究方法上开创了新思路，也为本书后续研究企业利益相关者关系管理夯实了基础。最后，利用决策支持软件包 Expert Choice for Groups 结合案例对企业的利益相关者进行综合评价，为利益相关者理论研究与实践在研究方法上开创了新思路，并具体考察不同属性对企业利益相关者管理的影响。

第一节　利益相关者界定与企业
利益相关者构成

一　企业利益相关者定义

关于企业利益相关者一直都没有一个统一的定义，但企业理论研究者与管理实践人士却逐渐达成这样一个共识：企业是一种人格化的组织，是其利益相关者之间综合性社会契约的汇集点（唐纳德森、邓非，2001/1999）。这就说明了学者对于企业利益相关者的界定已经超出了早期宽泛定义的樊篱，因为他们普遍认识到仅将企业利益相关者界定为"影响企业活动或受企业活动影响的人或团体"是远远不够的。这种宽泛的定义几乎可以将世界上所有的物质与意识都囊括其中，这给利益相关者理论研究者与实践者带来无尽的烦恼。一个值得关注的趋势是，越来越多的学者开始探索将利益相关者界定为与那些可持续发展的企业有一定的关系，并在企业中进行一定的专用性投资的人或团体（Clarkson，1994；Starik，1994；Schlange，2013）。这些专用性投资可能是物质资本的投资，也可能是人力资本的投资，通过这些专用性投资，他们与企业通过综合性社会契约存在不同程度的联系。

本书认为，结合关联性与投资专用性两个角度来界定企业利益相关者是有一定实践价值的。因此，本书对于企业利益相关者的定义是：利益相关者是指那些在企业中进行了一定的专用性投资，通过综合性契约与企业组成一个利益共同体，并承担了一定风险的个体或组织。

这一定义可以从下述几个方面来理解：第一，企业利益相关者必须首先对该企业进行了专用性投资，而现实生活中那些没有进行专用性投资的是不能被称为企业利益相关者的。第二，企业利益相关者应该必须承担该企业一定程度的经营管理风险，而且这种经营管理风险的大小是与该利益相关者在企业投资专用性程度的高低密切相关的，投资专用性程度越高，所谓"套牢效应"越大，双方进行捆绑之后的风险也就越大。第三，秉承弗里曼的经典定义（Freeman，1984）。

本书认为，一个企业的利益相关者必须与企业存在一个综合性社会契约而发生关联，这种关联可能是主动的，也可能是被动的。总体上看，企业利益相关者概念的宽泛程度反映了人们对于利益相关者认识的差异性，这种差异性可以分为三种类型：

第一种利益相关者定义是最宽泛的，即凡是与企业有联系的人或组织都可以称为企业的利益相关者，包括股东、管理者、员工、银行（投资者）、政府、工会、竞争对手、行业协会、教育机构、媒体、政治团体、宗教团体、供应商、分销商、客户、非人类物种、人类下一代、环保组织、社区、公众等全部被纳入此范畴。

第二种利益相关者定义是最狭窄的，指的是在企业经营管理与战略决策活动中有"赌注"的人或组织。这种狭窄定义与主流经济学中经济提及的"资产专用性"概念类似。

第三种利益相关者定义界于上述两个定义之间，是指与企业之间存在联系的人或组织，但是，定义排除了政府部门、社会团体及成员与社会组织等多个组织。当然，第三个利益相关者定义因为较为中庸，得到了多数人的认同。

二　企业利益相关者类别

根据本书上述给出的利益相关者定义，我们利用来自企业经营管理理论者研究与实践人士对企业利益相关者进行综合评分，为了界定企业的利益相关者，先后约请了 45 位来自不同地区、不同行业的企业管理者，与他们讨论相关定义之后，征询他们的意见以及在他们充分理解上述定义后，向这些专家每一人提供一份共包含近 20 种利益相关者在内的名单（也可以自己补充一些名单内没有但自己认为也应该是企业利益相关者的名称），请他们从中认真地选出认为基本符合上述定义的企业利益相关者，他们所选出来的数量可以不限。这一调查数据经过整理之后得到的基本统计结果汇总如表 3 - 1 所示。

表 3 - 1　　　　利益相关者界定专家综合评分结果

企业利益相关者	数量（个）	比率（%）	企业利益相关者	数量（个）	比率（%）	企业利益相关者	数量（个）	比率（%）
股东	45	100	特殊利益团体	23	51.11	专业投资机构	16	35.56
管理者	45	100	社区	35	77.78	教育机构	12	26.67
员工	45	100	代理商	37	82.22	宗教团体	4	8.89
客户	45	100	行业协会	20	44.44	竞争对手	23	51.11
债权人	45	100	媒体	18	40.00	人类后代	0	0
政府	45	100	公众	5	11.11	非人物种	0	0
供应商	31	68.88	政治团体	17	37.78			

从表 3 - 1 中的数据可以发现，受邀专家对于像股东、管理者、员工、债权人、客户与政府作为企业利益相关者的认可程度是100%，

而对于人类后代与非人物种的认可程度是零。如果选择比率以50%为标准，我们对数据进行综合分析后就可以将股东、社区、管理者、供应商、代理商、员工、政府、债权人、竞争对手、特殊利益团体、客户11类群体作为企业主要利益相关者。尽管竞争对手和特殊利益团体没有对企业进行专业投资，却被归类为企业的利益相关者，原因有三点：第一，数据表明，有超过50%的经理人员认为他们是企业的利益相关者，而且其入选率也明显高于其后的行业协会、政治团体与专业投资机构等。第二，在强调环境保护、绿色生产与企业社会责任的时代，人们对于企业活动与社会发展的联系的关注程度也日益增多，他们在企业某些活动中受到的影响正在逐渐加大，并承担了一定的风险。第三，在西方学者的研究中，几乎都将特殊利益团体列为企业利益相关者，本书基于发展的眼光，也是基于中国特色的企业环境，想从中国企业利益相关者管理实践来分析中外对于企业利益相关者的部分差异性。为此，本书将对我国企业的利益相关者重要性程度及其关键属性做进一步探索。

第二节　利益相关者重要性程度与影响重要性程度的关键属性

一　利益相关者重要性程度

界定了企业的利益相关者之后，紧接着的工作就是要进一步把握企业利益相关者的属性或者特征。米切尔提出的多维细分法从20世纪80年代之后就逐步成为企业利益相关者分类中最常用的分析工具。如前文所述，在80年代初到21世纪初的近20年间，也出现了一些常用分析工具，其中，最具代表性的包括以下几种。

（1）弗里曼从所有权、社会利益和经济依赖性三个视角对企业利益相关者进行了细分，提出了层次很清晰的分类体系。

（2）弗雷德里克在文献中指出，企业利益相关者是"对企业的政策方针能够施加影响的利益集团"。并将利益相关者分为直接利益相关者与间接利益相关者。

（3）查克汉姆按照利益相关者与企业之间是否存在某种交易性的合同关系，从而将企业利益相关者分为契约型利益相关者和公众型利益相关者。

（4）克拉克森按照企业利益相关者的意愿提出了两种比较有代表性的分类方法。一种是根据利益相关者在企业经营管理与决策活动中所承担的风险种类，可以将企业利益相关者分为自愿利益相关者和非自愿利益相关者。另一种是根据利益相关者与企业联系的紧密性，可以将利益相关者分为主要利益相关者和次要利益相关者。

（5）威勒将社会性属性引入利益相关者界定的研究过程。他指出：一些利益相关者是存在社会性的，他们与企业的关系直接通过各种复杂的社会关系而形成；另一些利益相关者却不具备社会性，他们必须通过"非人"因素和企业发生千丝万缕的联系，如自然环境、人类后代及非人物种等。

（6）威勒结合克拉克森在前面所提出的紧密性属性，将企业各类利益相关者大致分为以下四种：一是主要社会利益相关者；二是次要社会利益相关者；三是主要非社会利益相关者；四是次要非社会利益相关者。

我国学者寇小萱对企业利益相关者做了详细的分类，具体分类情况如图 3 - 1 所示。

二　影响利益相关者重要性程度的关键属性

早在 20 世纪 90 年代以后，欧美一些社会经济发展水平较高的国家中部分企业利益相关者理论研究学者就已经开始不再将经过综合评分界定出来的企业利益相关者视为是同质的，而是充分地肯定企业利益相关者存在诸多属性上的差异性。这些属性就包括在研究契约理论时经常提及的可交易性（Charkham，1992）、关系的直接性（Frederick，1998）、风险承担的自愿性（Clarkson，1994）、企业与利益相关者之间联系的紧密性（Clarkson，1995）、企业利益相关者群体之间以及组织内部的社会性（Wheeler，1998）、企业利益相关者所提出利益

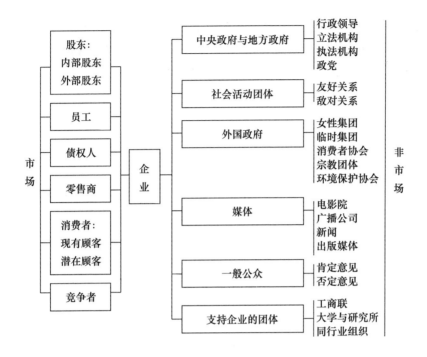

图 3 - 1　企业利益相关者分类

资料来源：寇小萱：《企业营销中的伦理问题》，天津人民出版社 2001 年版，第 77 页。

要求的合法性、企业利益相关者为维护其利益要求而可能行使其权力性的可能性及其紧急性（Mitchell and Wood，1997；Schlange，2013）。为了更好地研究企业利益相关者，在后续的研究中，有人提出了更加复杂、贴近于现实的利益相关者属性概念。Geunchan Lim、Hyunchul Ahn 和 Heeseok Lee（2009）就企业利益相关者属性提出了权力性（Power）、合法性（Legitimacy）、紧急性（Urgency）、相互依赖性（Interdependent）、潜在协作性（The potential of cooperation）和潜在威胁（The potential of threat）六个方面相互影响的属性（特征）。

下面将一些企业利益相关者属性的相关研究资料汇总如表 3 - 2 所示。

对于企业利益相关者存在如此丰富的属性，我们在调查中继续选择了 45 位来自不同地区、不同行业的企业管理者之后，在他们理解企业利益相关者属性的基本定义后，向他们每人提供一份共包含近 20

种利益相关者属性名称在内的名单（也可以自己补充一些名单内没有但自己认为是企业利益相关者的名称），请他们认真地选出他们认为符合上述企业利益相关者属性的基本定义的利益相关者属性，所选数量不限，这一调查的基本统计结果汇总如表 3 - 3 所示。

表 3 - 2　　　　一些企业利益相关者属性的相关研究资料汇总

提出者	时间	利益相关者属性的相关定义
查克汉姆	1992	契约的可交易性：指利益相关者之间综合性社会契约进行交易的可能性程度
克拉克森	1994	风险承担的自愿性：指利益相关者之间对待组织风险的态度，是否拥有自主性
克拉克森	1995	联系的紧密性：指企业组织的利益相关者之间联系的紧密性程度
米切尔和伍德	1997	合法性：指企业所认为的某一利益相关者对某种权益要求的在法律上的正当性
米切尔和伍德	1997	权力性：指生成某种结果的才干或能力
米切尔和伍德	1997	紧急性：指利益相关者需要企业对他们的要求给予急切关注或回应的程度
威勒	1998	群体的社会性：指利益相关者之间作为社会组成部分的一些属性
贾生华、陈宏辉	2002	可接近性：指利益相关者需求对企业决策者来说能够实现的可能性程度
陈宏辉	2004	重要性：指利益相关者对组织活动的影响程度
根山林、玄丘安和李熙硕（Geunchan Lim, Hyunchul Ahn and Heeseok Lee）	2009	相互依赖性：指利益相关者之间是否存在一种共生现象，而相互依赖
根山林、玄丘安和李熙硕	2009	潜在协作性：指利益相关者之间是否存在一种相互合作的可能性
根山林、玄丘安和李熙硕	2009	潜在威胁：指利益相关者之间是否存在一种竞争与对抗，而不是相互依赖的可能性

资料来源：笔者根据相关资料整理所得。

表 3 - 3　　　　　利益相关者属性专家综合评分结果

企业利益相关者属性	数量（个）	比率（%）	企业利益相关者属性	数量（个）	比率（%）	企业利益相关者属性	数量（个）	比率（%）
契约的可交易性	22	48.35	风险承担的自愿性	17	37.78	联系的紧密性	16	35.56
群体的社会性	20	44.44	潜在协作性	22	48.88	潜在威胁	12	26.67
权力性	45	100	合法性	45	100	紧急性	45	100
重要性	21	46.67	相互依赖性	20	44.44	合理性	45	100
主动性	40	88.89	可接近性	39	86.67			

从表 3 - 3 中的数据可以发现，调查对象对利益相关者的权力性、合法性、紧急性、合理性、主动性和可接近性 6 种属性有超过 80% 的认同感，而其他 8 种利益相关者属性所得到的认同感基本上没有超过 50%。其中，契约的可交易性、重要性、相互依赖性、潜在协作性与群体的社会性 5 种利益相关者属性所得到的认同感接近 50%，其余 3 种则更低一些。如果选择入选率 50% 为标准，则可以将权力性、合法性、紧急性、合理性、主动性和可接近性 6 种属性作为企业利益相关者关键属性。鉴于企业利益相关者的众多属性，本书仅从上述 6 种属性进行利益相关者的分类研究。首先，本书认为，企业利益相关者所具有的属性对企业经营决策制定与实施或多或少地存在影响，即这种影响本身是具有明显差异性的；其次，在企业不同经营决策活动中，同一利益相关者的相关属性存在变异性，即利益相关者的属性可能会因企业活动属性的变化而变化；最后，企业利益相关者所具有的属性可能因其他利益相关者的影响而变异，即利益相关者属性可能相互影响，进而影响企业的经营决策活动。

第三节　企业利益相关者属性的实证分析

一　研究假设

根据本书上述概念的分析过程，我们提出以下假设：

假设 3 - 1：企业利益相关者在多个属性上存在特征差异性。

如果我们在企业经营管理的实践活动中发现企业利益相关者确实在多个属性上存在特征差异的话，是否就意味着我们对这些企业利益相关者真的难以进行分类呢？对于企业利益相关者理论稍有一些认识的人都会认为这一判断明显是不成立的，因为利益相关者特征虽然有时是存在差异的，但是，在企业经营管理实践活动中还是应该可以寻找出一些统计规律的。

首先，在任何一家企业组织中，都必然存在股东、管理者和员工三类企业利益相关者，他们作为企业经营管理活动的直接参与者，其中的利害关系必然与企业紧密相关（Freeman，1984）。

其次，如果我们在研究中利用某些综合性指标体系来对企业利益相关者进行评分排序，则有些企业利益相关者的顺序有时可能将会明显偏后，从而脱离于企业利益相关者体系框架。我国企业目前因为政府政策的调整也开始越来越重视清洁生产、节能减排和环境管理与保护，这些前瞻意识的企业开始逐步加强与地方社区进行有效的沟通，所以，现阶段的环境类企业利益相关者的地位在迅速提高，但是，在现实情况下恐怕仍然还是边缘型利益相关者。

最后，政府作为中国企业的利益相关者，其对企业经营管理的影响力有一定的地域差异性，这种差异性体现在政府职能角色转换程度的差异上。

假设 3 - 2：企业利益相关者本身在多个属性上具有特征变异性。

企业利益相关者的相关属性的变异性是指同一企业同一利益相关者的部分属性可能因环境因素的变化而存在一定程度的差异性，这种属性的变异性可能影响企业利益相关者管理。

假设 3 - 3：企业利益相关者在多个属性上具有的特征差异性和变异性决定了我国企业利益相关者在企业经营决策中的角色是多变的，在具体的经营活动中更是如此。

企业利益相关者对于企业经营决策在企业发展的不同时期存在不同的影响，企业利益相关者管理过程中尤其应该注意这种变化对企业的影响。

二　研究方法与数据来源

本部分的研究工作主要通过访谈、调查问卷和网上调查三种形式来完成。2013 年 4—6 月，主要完成调查问卷的初步设计工作，并于2013 年 7 月在深圳市及广东省其他地区完成了小样本调查与访谈调查工作。之后于 2013 年 8 月在湖北省、湖南省进行较大规模的调查，其后在计算机与心理学专业人员的帮助下建立一个专业的调查网站，进行了长达两年的网上调查，共得到有效问卷 502 份。[①] 利用 SPSS 18.0 软件对有效问卷所收集的数据进行整理与分析，其间所使用的统计方法主要有描述性统计（Descriptive Statistics）、样本配对 T 检验（Paired – samples T test）与均值比较（Compare Means）。

三　数据分析

数据分析主要按照以下五个步骤进行。

（一）从 6 种属性依次对企业利益相关者进行综合评分

首先，在研究调查问卷的第二部分设计时，要求被调查者就问卷相关部分认真、仔细地填写企业的实际情况，对于利益相关者的权力性、合法性、紧急性、合理性、主动性和可接近性 6 种属性程度按其重要性程度进行配对评分。评分方式按照表 3 - 4 中所示的九级李克特（Likert）量表设置调查问题并进行赋值（选择相应数字代表属性相对重要性程度，如果您认为"权力性"相对某一属性极为重要，则赋值为"9"，以此类推，具体情形如表 3 - 4 所示）。

表 3 - 4　　　　　企业利益相关者 6 种属性的重要性
程度的衡量尺度（判断尺度定义）

企业利益相关者 6 种属性相对重要性程度的形容	AHP 所给定的数值等级
极为重要	9
非常重要	7
很重要	5

---

① 在小规模调查的基础上，我们对调查表进行修改，建立调查网站，并最终得到了这些数据。

续表

企业利益相关者6种属性相对重要性程度的形容	AHP所给定的数值等级
较重要	3
一般重要	1
介于上述两相邻等级之间	2、4、6、8

依据表3－4的赋值标准，我们在调查中继续选择了45位来自不同地区、不同行业的企业经理人员，请他们按照其在企业管理中的理解来对企业利益相关者属性的相对重要性程度进行配对比较并赋值。得到相应数据并填入如表3－5所示的数据表（阴影部分不需要填写），将所得的45份调查表进行初步处理，所得数据将用于后面的层次分析法中的配对比较与分析。

表3－5　　企业利益相关者6种属性的重要性程度配对比较评分

	合法性	合理性	紧急性	权力性	主动性	可接近性
合法性						
合理性						
紧急性						
权力性						
主动性						
可接近性						

其次，对于给出的11类企业利益相关者的权力性、合法性、紧急性、合理性、主动性与可接近性6种属性程度按其重要性程度在表3－6中分别进行综合评分，评分方式按照九级李克特（Likert）量表设置调查问题，属性重要性程度为极为重要、非常重要、很重要、较重要、一般重要分别赋值为9、7、5、3、1，介于两者之间的程度则分别用8、6、4、2表示，得到的描述性统计如表3－7所示。

表 3 - 6　　　11 类企业利益相关者在 6 种属性重要性程度的评分

问题	题　项	权力性	合法性	紧急性	合理性	主动性	可接近性
A_1	股东						
A_2	管理者						
A_3	员工						
A_4	债权人						
A_5	客户						
A_6	政府						
A_7	代理商						
A_8	供应商						
A_9	社区						
A_{10}	竞争对手						
A_{11}	特利利益团体						

　　注：填写人若对某一利益相关者的权力性评分值越小，则表明他认为该利益相关者影响程度越小，下同。

表 3 - 7　11 类企业利益相关者在权力性属性上评分的描述性统计

	样本数	最小值	最大值	均值	标准差
股东	502	8.00	9.00	8.7231	0.44791
管理者	502	7.00	9.00	8.7072	0.47272
员工	502	6.00	9.00	7.6454	0.72438
债权人	502	6.00	9.00	8.3347	0.83317
客户	502	5.00	8.00	6.5757	0.58358
政府	502	5.00	9.00	8.6693	0.66132
代理商	502	4.00	7.00	4.8765	0.88268
供应商	502	5.00	8.00	6.1474	0.76747
社区	502	3.00	5.00	3.9263	0.74259
竞争对手	502	1.00	5.00	2.4303	1.00603
特利利益团体	502	1.00	4.00	1.8347	0.77030
有效样本数	502				

　　显然，我们的研究还不能只是简单地根据表3-7中均值大小的排列来判断企业的某一利益相关者就一定比另一利益相关者的权力性更强，因为这种类型的数据还没有统计学意义（林杰斌、林川雄、刘明德，2006）。我们尝试着利用分析软件对样本配对T检验，进一步判断上述结果中每两个变量之间的均值之差与0是否具有显著性差异，统计结果如表3-8所示，表3-8中统计数据的含义是：未加括号的数据表示企业的某一利益相关者在权力性属性上综合评分的均值与另一利益相关者在权力性属性上综合评分的均值之差，括号内的数据是T检验值；如果没有通过检验，则在均值之差的数据下方画有一条横线。综合分析表3-8的统计结果，我们可以发现：从利益相关者权力性属性来看，股东与管理者、股东与政府、管理者与政府虽然评分的均值不同，但是，这种均值的差异性与0没有统计学意义上的显著性差别，其他属性排序都具有非常显著的统计学意义上的差别。

　　有关属性的描述性统计和T检验结果如表3-9至表3-18所示。

表 3-8　　　利益相关者权力性属性综合评分均值差异的
配对样本 T 检验结果

		1	2	3	4	5	6	7	8	9	10
1	股东										
2	管理者	<u>0.0159</u> (0.616)									
3	员工	1.0777 (0.000)	1.0618 (0.000)								
4	债权人	0.3884 (0.000)	0.3725 (0.000)	-0.6892 (0.000)							
5	客户	2.1474 (0.000)	2.1315 (0.000)	1.0697 (0.000)	1.7590 (0.000)						
6	政府	<u>0.0538</u> (0.125)	<u>0.0378</u> (0.318)	-1.0239 (0.000)	-0.3347 (0.000)	-2.0936 (0.000)					
7	代理商	3.8466 (0.000)	3.8307 (0.000)	2.7689 (0.000)	3.4582 (0.000)	1.6992 (0.000)	3.7928 (0.000)				

续表

		1	2	3	4	5	6	7	8	9	10
8	供应商	2.5757	2.5598	1.4980	2.1873	0.4283	2.5219	-1.2709			
		(0.000)	(0.000)	(0.000)	(0.000)	(0.000)	(0.000)	(0.000)			
9	社区	4.7968	4.7809	3.7191	4.4084	2.6494	4.7430	0.9502	2.2211		
		(0.000)	(0.000)	(0.000)	(0.000)	(0.000)	(0.000)	(0.000)	(0.000)		
10	竞争对手	6.2928	6.2769	5.2151	5.9044	4.1454	6.2390	2.4462	3.7171	1.4960	
		(0.000)	(0.000)	(0.000)	(0.000)	(0.000)	(0.000)	(0.000)	(0.000)	(0.000)	
11	特殊利益团体	6.8884	6.8725	5.8108	6.5000	4.7410	6.8347	3.0418	4.3127	2.0916	0.5956
		(0.000)	(0.000)	(0.000)	(0.000)	(0.000)	(0.000)	(0.000)	(0.000)	(0.000)	(0.000)

注：$P < 0.01$。

表 3-9　11 类企业利益相关者在合法性属性上评分的描述性统计

	样本数	最小值	最大值	均值	标准差
股东	502	5.00	9.00	6.9004	1.00201
管理者	502	4.00	7.00	6.6793	0.56753
员工	502	6.00	8.00	7.6713	0.49097
债权人	502	8.00	9.00	8.3904	0.48834
客户	502	8.00	9.00	8.8506	0.35684
政府	502	8.00	9.00	8.9323	0.25153
代理商	502	5.00	8.00	6.7769	0.73277
供应商	502	4.00	7.00	5.5498	1.23348
社区	502	3.00	9.00	7.0916	1.99089
竞争对手	502	3.00	6.00	4.5100	1.26637
特殊利益团体	502	1.00	3.00	1.9880	0.68039
有效样本	502				

表 3-10　　利益相关者合法性属性综合评分均
值差异的配对样本 T 检验结果

		1	2	3	4	5	6	7	8	9	10
1	股东										
2	管理者	0.2211									
		(0.000)									

续表

		1	2	3	4	5	6	7	8	9	10
3	员工	- 0.7709 (0.000)	- 0.9920 (0.000)								
4	债权人	- 1.4900 (0.000)	- 1.7112 (0.000)	- 0.7191 (0.000)							
5	客户	- 1.9502 (0.000)	- 2.1713 (0.000)	- 1.1793 (0.000)	- 0.4602 (0.000)						
6	政府	- 2.0319 (0.000)	- 2.2530 (0.000)	- 1.2610 (0.000)	- 0.5418 (0.000)	- 0.0817 (0.000)					
7	代理商	0.1235 (0.043)	- 0.0976 (0.004)	0.8944 (0.000)	1.6135 (0.000)	2.0737 (0.000)	2.1554 (0.000)				
8	供应商	1.3506 (0.000)	1.1295 (0.000)	2.1215 (0.000)	2.8406 (0.000)	3.3008 (0.000)	3.3825 (0.000)	1.2271 (0.000)			
9	社区	- 0.1912 (0.067)	- 0.4124 (0.000)	0.5797 (0.000)	1.2988 (0.000)	1.7590 (0.000)	1.8406 (0.000)	- 0.3147 (0.000)	- 1.5418 (0.000)		
10	竞争对手	2.3904 (0.000)	2.1693 (0.000)	3.1614 (0.000)	3.8805 (0.000)	4.3406 (0.000)	4.4223 (0.000)	2.2669 (0.000)	1.0398 (0.000)	2.5817 (0.000)	
11	特殊利益团体	4.9124 (0.000)	4.6912 (0.000)	5.6833 (0.000)	6.4024 (0.000)	6.8625 (0.000)	6.9442 (0.000)	4.7888 (0.000)	3.561 (0.000)	5.1036 (0.000)	2.5219 (0.000)

表 3 - 11 　　　　　11 类企业利益相关者在合理性属性上

综合评分的描述性统计

	样本数	最小值	最大值	均值	标准差
股东	502	5.00	9.00	6.9004	1.00201
管理者	502	4.00	7.00	6.6793	0.56753
员工	502	3.00	9.00	7.0916	1.99089
债权人	502	8.00	9.00	8.3904	0.48834
客户	502	8.00	9.00	8.9323	0.25153
政府	502	6.00	8.00	7.6713	0.49097
代理商	502	3.00	6.00	4.5100	1.26637
供应商	502	1.00	3.00	1.9880	0.68039

续表

	样本数	最小值	最大值	均值	标准差
社区	502	8.00	9.00	8.8506	0.35684
竞争对手	502	4.00	7.00	5.5498	1.23348
特殊利益团体	502	1.00	4.00	1.8347	0.77030
有效样本	502				

表 3 – 12　　　　利益相关者合理性属性综合评分均值

差异的配对样本 T 检验结果

		1	2	3	4	5	6	7	8	9	10
1	股东										
2	管理者	0.2211 (0.000)									
3	员工	−0.1912 (0.067)	−0.4124 (0.000)								
4	债权人	−1.4900 (0.000)	−1.7112 (0.000)	−1.2988 (0.000)							
5	客户	−2.0319 (0.000)	−2.2530 (0.000)	−1.8406 (0.000)	−0.5418 (0.000)						
6	政府	−0.7709 (0.000)	−0.9920 (0.000)	−0.5797 (0.000)	0.7191 (0.000)	1.2610 (0.000)					
7	代理商	2.3904 (0.000)	2.1693 (0.000)	2.5817 (0.000)	3.8805 (0.000)	4.4223 (0.000)	3.1614 (0.000)				
8	供应商	4.9124 (0.000)	4.6912 (0.000)	5.1036 (0.000)	6.4024 (0.000)	6.9442 (0.000)	5.6833 (0.000)	2.5219 (0.000)			
9	社区	−1.9502 (0.000)	−2.1713 (0.000)	−1.7590 (0.000)	−0.4602 (0.000)	0.0817 (0.000)	−1.1793 (0.000)	−4.3406 (0.000)	−6.8625 (0.000)		
10	竞争对手	1.3506 (0.000)	1.1295 (0.000)	1.5418 (0.000)	2.8406 (0.000)	3.3825 (0.000)	2.1215 (0.000)	−1.0398 (0.000)	−3.5618 (0.000)	3.3008 (0.000)	
11	特殊利益团体	5.0657 (0.000)	4.8446 (0.000)	5.2570 (0.000)	6.5558 (0.000)	7.0976 (0.000)	5.8367 (0.000)	2.6753 (0.000)	0.1534 (0.001)	7.0159 (0.000)	3.7151 (0.000)

表 3 – 13　　　　　　11 类企业利益相关者在紧急性属性上
综合评分的描述性统计

	样本数	最小值	最大值	均值	标准差
股东	502	7.00	8.00	7.2689	0.44384
管理者	502	8.00	9.00	8.6972	0.45992
员工	502	8.00	9.00	8.3566	0.47947
债权人	502	6.00	7.00	6.4004	0.49047
客户	502	5.00	9.00	6.9004	1.00201
政府	502	6.00	8.00	7.6056	0.49328
代理商	502	4.00	7.00	5.5498	1.23348
供应商	502	3.00	6.00	4.5100	1.26637
社区	502	1.00	3.00	1.9880	0.68039
竞争对手	502	8.00	9.00	8.1813	0.38563
特殊利益团体	502	1.00	4.00	1.8347	0.77030
有效样本	502				

表 3 – 14　　　　　利益相关者紧急性属性综合评分均值
差异的配对样本 T 检验结果

		1	2	3	4	5	6	7	8	9	10
1	股东										
2	管理者	-1.4283 (0.000)									
3	员工	-1.0876 (0.000)	0.3406 (0.000)								
4	债权人	0.8685 (0.000)	2.2968 (0.000)	1.9562 (0.000)							
5	客户	0.3685 (0.000)	1.7968 (0.000)	1.4562 (0.000)	-0.5000 (0.000)						
6	政府	-0.3367 (0.000)	1.0916 (0.000)	0.7510 (0.000)	-1.2052 (0.000)	-0.7052 (0.000)					
7	代理商	1.7191 (0.000)	3.1474 (0.000)	2.8068 (0.000)	0.8506 (0.000)	1.3506 (0.000)	2.0558 (0.000)				

		1	2	3	4	5	6	7	8	9	10
8	供应商	2.7590	4.1873	3.8466	1.8904	2.3904	3.0956	1.0398			
		(0.000)	(0.000)	(0.000)	(0.000)	(0.000)	(0.000)	(0.000)			
9	社区	5.2809	6.7092	6.3685	4.4124	4.9124	5.6175	3.5618	2.5219		
		(0.000)	(0.000)	(0.000)	(0.000)	(0.000)	(0.000)	(0.000)	(0.000)		
10	竞争对手	-0.9124	0.5159	0.1753	-1.7809	-1.2809	-0.5757	-2.6315	-3.6713	-6.1932	
		(0.000)	(0.000)	(0.000)	(0.000)	(0.000)	(0.000)	(0.000)	(0.000)	(0.000)	
11	特殊利益团体	5.4343	6.8625	6.5219	4.5657	5.0657	5.7709	3.7151	2.6753	0.1534	6.3466
		(0.000)	(0.000)	(0.000)	(0.000)	(0.000)	(0.000)	(0.000)	(0.000)	(0.001)	(0.000)

表 3-15　　　　11 类企业利益相关者在主动性属性上

综合评分的描述性统计

	样本数	最小值	最大值	均值	标准差
股东	502	7.00	8.00	7.2689	0.44384
管理者	502	8.00	9.00	8.3566	0.47947
员工	502	8.00	9.00	8.6972	0.45992
债权人	502	8.00	9.00	8.1813	0.38563
客户	502	6.00	8.00	7.6056	0.49328
政府	502	6.00	7.00	6.4004	0.49047
代理商	502	3.00	6.00	4.5100	1.26637
供应商	502	1.00	3.00	1.9880	0.68039
社区	502	4.00	7.00	5.5498	1.23348
竞争对手	502	5.00	9.00	6.9004	1.00201
特殊利益团体	502	1.00	4.00	1.8347	0.77030
有效样本	502				

表 3-16　　　　利益相关者主动性属性综合评分均值

差异的配对样本 T 检验结果

		1	2	3	4	5	6	7	8	9	10
1	股东										
2	管理者	-1.0876									
		(0.000)									

续表

		1	2	3	4	5	6	7	8	9	10
3	员工	- 1.4283 (0.000)	- 0.3406 (0.000)								
4	债权人	- 0.9124 (0.000)	0.1753 (0.000)	0.5159 (0.000)							
5	客户	- 0.3367 (0.000)	0.7510 (0.000)	1.0916 (0.000)	0.5757 (0.000)						
6	政府	0.8685 (0.000)	1.9562 (0.000)	2.2968 (0.000)	1.7809 (0.000)	1.2052 (0.000)					
7	代理商	2.7590 (0.000)	3.8466 (0.000)	4.1873 (0.000)	3.6713 (0.000)	3.0956 (0.000)	1.8904 (0.000)				
8	供应商	5.2809 (0.000)	6.3685 (0.000)	6.7092 (0.000)	6.1932 (0.000)	5.6175 (0.000)	4.4124 (0.000)	2.5219 (0.000)			
9	社区	1.7191 (0.000)	2.8068 (0.000)	3.1474 (0.000)	2.6315 (0.000)	2.0558 (0.000)	0.8506 (0.000)	- 1.0398 (0.000)	- 3.5618 (0.000)		
10	竞争对手	0.3685 (0.000)	1.4562 (0.000)	1.7968 (0.000)	1.2809 (0.000)	0.7052 (0.000)	- 0.5000 (0.000)	- 2.3904 (0.000)	0.1534 (0.000)	- 1.3506 (0.000)	
11	特殊利益团体	5.4343 (0.000)	6.5219 (0.000)	6.8625 (0.000)	6.3466 (0.000)	5.7709 (0.000)	4.5657 (0.000)	2.6753 (0.000)	- 4.9124 (0.000)	3.7151 (0.000)	5.065 (0.000)

表 3 - 17   11 类企业利益相关者在可接近性属性上
综合评分的描述性统计

	样本数	最小值	最大值	均值	标准差
股东	502	7.00	8.00	7.2689	0.44384
管理者	502	8.00	9.00	8.6972	0.45992
员工	502	8.00	9.00	8.3566	0.47947
债权人	502	6.00	7.00	6.4004	0.49047
客户	502	8.00	9.00	8.1813	0.38563
政府	502	6.00	8.00	7.6056	0.49328
代理商	502	4.00	7.00	5.5498	1.23348
供应商	502	3.00	6.00	4.5100	1.26637

续表

	样本数	最小值	最大值	均值	标准差
社区	502	1.00	3.00	1.9880	0.68039
竞争对手	502	1.00	4.00	1.8347	0.77030
特殊利益团体	502	1.00	3.00	2.0757	0.59459
有效样本	502				

表 3－18　　　　利益相关者可接近性属性综合评分均值

差异的配对样本 T 检验结果

		1	2	3	4	5	6	7	8	9	10
1	股东										
2	管理者	-1.4283 (0.000)									
3	员工	-1.0876 (0.000)	0.3406 (0.000)								
4	债权人	0.8685 (0.000)	2.2968 (0.000)	1.9562 (0.000)							
5	客户	-0.9124 (0.000)	0.5159 (0.000)	0.1753 (0.000)	-1.7809 (0.000)						
6	政府	-0.3367 (0.000)	1.0916 (0.000)	0.7510 (0.000)	-1.2052 (0.000)	0.5757 (0.000)					
7	代理商	1.7191 (0.000)	3.1474 (0.000)	2.8068 (0.000)	0.8506 (0.000)	2.6315 (0.000)	2.0558 (0.000)				
8	供应商	2.7590 (0.000)	4.1873 (0.000)	3.8466 (0.000)	1.8904 (0.000)	3.6713 (0.000)	3.0956 (0.000)	1.0398 (0.000)			
9	社区	5.2809 (0.000)	6.7092 (0.000)	6.3685 (0.000)	4.4124 (0.000)	6.1932 (0.000)	5.6175 (0.000)	3.5618 (0.000)	2.5219 (0.000)		
10	竞争对手	5.4343 (0.000)	6.8625 (0.000)	6.5219 (0.000)	4.5657 (0.000)	6.3466 (0.000)	5.7709 (0.000)	3.7151 (0.000)	2.6753 (0.000)	0.1534 (0.001)	
11	特殊利益团体	5.1932 (0.000)	6.6215 (0.000)	6.2809 (0.000)	4.3247 (0.000)	6.1056 (0.000)	5.5299 (0.000)	3.4741 (0.000)	2.4343 (0.000)	-0.0876 (0.001)	-0.2410 (0.000)

根据表 3-7、表 3-9、表 3-11、表 3-13、表 3-15 和表 3-17 中的数据，将 11 类企业利益相关者 6 种属性赋值的均值进行相关性分析，进行距离分析，对 11 类企业利益相关者 6 种属性变量进行相似性（距离）分析，用于检测观测值的接近程度，得到如表 3-19 所示的变量接近性矩阵。

表 3-19   变量接近性矩阵

	价值向量之间的相关性					
	权力性	主动性	合法性	合理性	紧急性	可接近性
权力性	0.000	0.602	0.756	0.490	0.618	0.894
主动性	0.602	0.000	0.664	0.823	0.768	0.629
合法性	0.756	0.664	0.000	0.809	0.478	0.710
合理性	0.490	0.823	0.809	0.000	0.381	0.442
紧急性	0.618	0.768	0.478	0.381	0.000	0.698
可接近性	0.894	0.629	0.710	0.442	0.698	0.000

注：** 表示在 1% 的显著性水平下显著（双尾），* 表示在 5% 的显著性水平下显著（双尾）。

（二）从 6 种属性对企业利益相关者进行综合评分与分类

首先，利用 SPSS 11.5 对企业利益相关者的 6 种属性进行聚类分析（Hierarchical Cluster 过程），得到如表 3-20 和表 3-21 所示的企业利益相关者属性的聚类分析资料。

表 3-20   群数凝集过程

步骤	变量合并		相关系数	集群步骤第一次出现		下一个步骤
	集群 1	集群 2		集群 1	集群 2	
1	1	6	17.376	0	0	4
2	2	4	21.666	0	0	3
3	2	3	30.951	2	0	5
4	1	5	44.771	1	0	5
5	1	2	53.510	4	3	0

注：均连法（组间）。

表3-20给出的是聚类分析的具体步骤，第1步是变量1与变量6合并，第2步是变量2与变量4合并，第3步是变量2、变量4合并变量3，第4步是变量1、变量6合并变量5，第5步是所有变量合并为一类。

表3-21　　垂直冰柱

集群	情形										
数量	合法性		合理性		主动性		紧急性		可接近性		权力性
1	×	×	×	×	×	×	×	×	×	×	×
2	×	×	×	×	×		×	×	×	×	×
3	×	×	×	×	×		×		×	×	×
4	×		×	×	×		×		×	×	×
5	×		×		×		×		×	×	×

从表3-21中可以看得比较清楚，大体上权力性和可接近性是一类，紧急性是一类，主动性、合法性与合理性是一类。图3-2对这一点的分析更清楚。

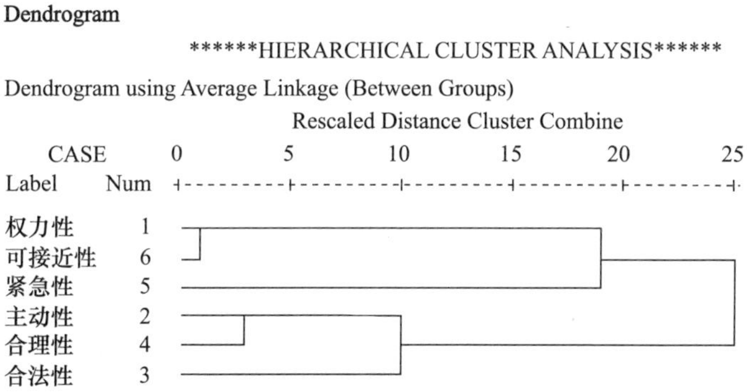

Dendrogram
******HIERARCHICAL CLUSTER ANALYSIS******
Dendrogram using Average Linkage (Between Groups)
Rescaled Distance Cluster Combine
CASE 0 5 10 15 20 25
Label Num
权力性 1
可接近性 6
紧急性 5
主动性 2
合理性 4
合法性 3

图3-2　6种属性聚类分析树形

综合上面内容可以得出结论，企业利益相关者的6种属性可以大体上分为三大类：第一类是权力性和可接近性合并的一类（能力属性），第二类是紧急性，第三类则是由主动性、合法性和合理性合并的一类（法力属性）。

因此，我们可以将 11 类企业利益相关者相关属性的赋值进行分类。根据最初的统计调查表的设计，可以将各类利益相关者得分情况进行细分，即将 1—9 分划分为三段，依次为 1—3 分、4—6 分和 7—9 分，其中，再按均值的分类性取整原则，得到一种新的三维分类结果，如表 3-22 所示。

表 3-22　　　　　　　　11 类企业利益相关者的三维分类结果

评分　　　　属性	[1，3]	[4，6]	[7，9]
能力属性	社区、竞争对手、特殊利益团体	代理商、供应商	股东、管理者、员工、债权人、客户、政府
紧急属性	社区、特殊利益团体	供应商、代理商	股东、管理者、员工、债权人、客户、政府、竞争对手
法力属性	特殊利益团体	代理商、竞争对手、供应商	股东、管理者、员工、债权人、客户、政府、社区

从表 3-22 中各类利益相关者的位置，我们可以对这 11 类企业利益相关者进行了分类，结果如下：

核心利益相关者：至少在三个属性上得分在 6 分以上，他们是企业不可缺少的群体，与企业有非常紧密的利害关系，甚至可以左右企业的生存与发展。在我们的统计结果中，包括股东、管理者、员工、债权人、客户和政府 6 类利益相关者。

紧密利益相关者：至少在三个属性上得分在 4 分以上，他们是对企业有重要影响的群体，与企业有紧密的利害关系，影响企业的生存与发展。在我们的统计结果中，包括代理商供应商两类利益相关者。

边缘利益相关者：至少在两个属性上得分在 4 分以下，他们是对企业存在一定的影响的群体，与企业有松散性的利害关系，可以影响企业的发展。在我们的统计结果中，包括社区、特殊利益团体和竞争对手类利益相关者。

另外，企业竞争对手作为其利益相关者具有不同的属性，其能力性属性较低，法力性属性中等，而其紧急性属性则较高。

至此，我们部分地验证了假设 3 - 1，即 11 类企业利益相关者在多个属性上具有特征差异性。从统计分析表中可以发现，11 类企业利益相关者在 6 种属性上表现不同程度的特征差异，而且大部分的差异是显著的，但也有些不是很显著。

第四节　基于层次分析法的企业主要 利益相关者分类实例

根据表 3 - 6 中企业利益相关者 6 种属性的相对重要性程度的赋值资料，运用层次分析法（AHP）对所收集的企业的具体实例为基础进行剖析与处理。

AHP 是由萨蒂（Saaty）发明的一种用来解决复杂的多准则问题的有效方法，是定量分析与定性分析相结合的多目标决策方法，它要求参与企业决策的每一位专家都对每个决策准则的相对重要性做出相应的判断，并运用决策所提供的标准参数，识别出他本人对于每种决策选项的可能性偏爱程度，能够有效地分析目标准则体系层次之间的非序列关系，有效地综合测试决策者的判断与比较（彭勇行、张晨霞，2003）。层次分析法决策的结果就是一个依靠优先级排列的决策选项列表，它是在决策专家的总体综合性评价的基础上形成的。层次分析法体现了人们在决策思维过程中进行分解、判断、综合性的一些基本特征，是一种将定性分析与定量分析相结合的实用决策方法。Meszaros（1988）在她的博士论文中首先运用 AHP 来研究股东与其他三种利益相关者（员工、客户与一般社区）的决策优先权利。布赖斯和威格纳（Brice and Wegner，1989）在南非企业案例研究中由于利益相关者权力变化而运用了 AHP，他们观察到了利益相关者要求不断增加企业社会责任的实施计划。Hosseini 和 Brenner（1992）提出了运用 AHP 来分析企业利益相关者理论，即每一个利益相关者团体对企业长远发展的影响与价值矩阵的权重。

很显然，在涉及多变量的优先权分析的过程中，将需要一个在严格遵守规则的前提下能够汇集运用智慧、经验与知识的系统来完成这一过程。而 AHP 则可以很好地完成这一任务。

一　构建层次分析模型

（一）在进行决策时，首先要明确决策的目的、准则以及待决策的方案

决策前，先要分析企业利益相关者重要性程度决策问题中所包含的基本要素，并按照这些基本要素之间的相互影响程度以及隶属关系，将各基本要素按不同层次聚焦组合，形成一个多层次的框架模型。

（二）根据层次分析模型，建立递阶层次模型

通常第一层目标层（最高层）表示问题的目的或者总目标；第二层是准则层，它是决策总目标的具体体现，是专家决策要认真考虑的多个决策子目标，也是决策层的具体评判准则；第三、第四层是子准则层，它们将准则更加细化。下面是建立企业利益相关者重要性程度的决策模型的层次分析结构。

利益相关者理论认为，我们对于利益相关者概念的演变或演化的认识是与企业理论的发展进程同步的，关于企业利益相关者的分类标准有很多种。但是，不管企业利益相关者是核心的、战略的，还是环境的，都有其自身的特征或属性，如合法性、合理性、权力性、可接近性、主动性和紧急性等，而且企业利益相关者能够动态地、顺畅地从一个类别进入另一个类别中。在本书的研究中，合理性指的是企业所认为的某一利益相关者对某种权益要求的在道义上的适切度；合法性指的是企业所认为的某一利益相关者对某种权益要求的在法律上的正当性；权力性指的是生成某种结果的才干或能力；主动性指的是利益相关者中有的对企业的战略管理活动主动施加影响，有的则是被动地接受企业战略管理活动的影响，被迫做出反应；紧急性指的是利益相关者需要企业对他们的要求给予急切关注或回应的程度；可接近性指的是利益相关者需求对企业决策者来说能够实现的可能性程度（贾

生华、陈宏辉，2002）。总之，企业不同利益相关者的不同属性在企业战略管理中所发挥的影响是不同的，在某一企业的战略管理中，我们可以利用 AHP，运用决策者的配对，比较将每个标准按优先级排列，然后再按不同的标准排列各个决策方案。在图 3 - 3 中，将企业利益相关者分类体系分为整体目标、判断准则和决策方案三个层次，整体目标层表示某一决策的最终目标或总体目标；判断准则表示总体目标的具体体现，是决策要考虑的多个子目标，也是我们决策的具体准则；决策方案表示每个选项在运用不同标准评判时各自的特点。

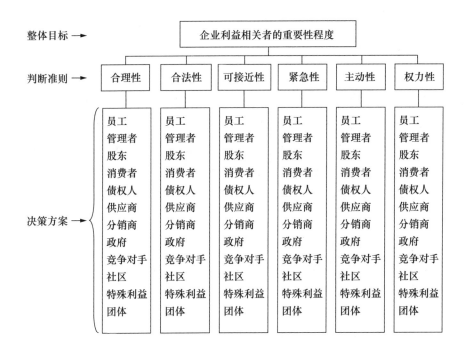

图 3 - 3　企业利益相关者重要性程度递阶层次

（三）构造比较判断矩阵

构造比较判断矩阵为 $A = \{a_{ij}\}$，i，$j = 1$，2，$\cdots$，n。其中，a_{ij} 以上一层次要素（如要素 A）为准则，对本层次的 n 个要素 B_1—B_n 进行两两比较来确定的。判断尺度采用层次分析法常用的 1—9 标度。

因此，准则层 B_j 相对目标层 A 的比较判断矩阵如表 3 – 23 所示。

表 3 – 23　　　　　　　　　比较判断矩阵关系

A	B_1	B_2	...	B_n
B_1	a_{11}	a_{12}	...	a_{1n}
B_2	a_{21}	a_{22}	...	a_{2n}
...	...	...	...	...
B_n	a_{n1}	a_{n2}	...	a_{nn}

（四）层次单排序权值

比较判断矩阵的特征向量 W 为各要素（利益相关者属性）的相对重要性排序权值。层次单排序是计算同一层次相应要素对于上一层次某要素的相对重要性排序权值，通过计算各比较判断矩阵的最大特征值及其所对应的特征向量。矩阵的特征值及其对应的特征向量的估算方法有和积法、方根法、幂法等多种方法。

（五）层次总排序权值是某层次要素对于最高层次的相对重要性排序权值

以上层的层次总排序权值为权重，对本层的层次单排序权值进行加权求和得出，层次总排序权值最大的指标就是对总目标贡献最大的目标。

（六）一致性检验

比较判断矩阵是由评价者通过两两要素比较得到的，这很难精确判断出矩阵中各元素的值，即判断矩阵 A 有如下关系：

$$a_{ij} = a_{ik}/a_{kj}(i, j, k = 1, 2, \cdots, n)$$

层次单排序的计算问题可以直接归为计算判断矩阵的最大特征根及特征向量的问题，如已知判断矩阵 A，即计算满足：

$$AW = nW$$

的特征根 n 直接对应的特征向量 W，上式可写成：

$$
\begin{pmatrix}
\dfrac{W_1}{W_1} & \dfrac{W_1}{W_2} & \cdots & \dfrac{W_1}{W_n} \\[2ex]
\dfrac{W_2}{W_1} & \dfrac{W_2}{W_2} & & \dfrac{W_2}{W_n} \\[2ex]
\cdots & \cdots & \cdots & \\[1ex]
\dfrac{W_n}{W_1} & \dfrac{W_n}{W_n} & \cdots & \dfrac{W_n}{W_n}
\end{pmatrix}
\begin{bmatrix}
W_1 \\ \\ W_2 \\ \cdots \\ \vdots \\ W_n
\end{bmatrix}
= n
\begin{bmatrix}
W_1 \\ \\ W_2 \\ \cdots \\ \vdots \\ W_n
\end{bmatrix}
$$

但是，在一般典型的多目标决策问题中，决策专家不可能给出精确的 W_i/W_j 的度量，因而也只能对它们进行估计判断。这样一来，实际给出的 a_{ij} 判断可能会与理想的 W_i/W_j 有偏差，换句话说，也就不能保证判断矩阵是否会有完全的一致性。根据矩阵理论，相应于判断矩阵 A 的特征根也将发生变化，新的问题即可归结为：

$A'W' = \lambda_{\max} W'$

式中，$\lambda_{\max}$ 为判断矩阵 A' 的最大特征根，相应的 W' 是对应的 $\lambda_{\max}$ 的特征向量。根据矩阵理论，判断矩阵在满足上述完全一致性条件下，具有唯一非零的，也是最大的特征根 $\lambda_{\max} = n$，且除 $\lambda_{\max}$ 外，其余特征根均为零。当判断矩阵具有满意的一致性时，它的最大特征根稍大于矩阵阶数 n，且其余特征根接近于零，这样，基于层次分析法得出的结论才是基本合理的。

一致性检验计算公式如下：

一致性指标：$CI = \dfrac{\lambda_{\max} - n}{n - 1}$

随机一致性比率：$CR = \dfrac{CI}{RI}$

式中，RI 为平均随机一致性指标，它只与比较判断的阶数有关，RI 的值如表 3 - 24 所示。

表 3 - 24　　　　　平均随机一致性指标的 RI 值

矩阵阶数	1	2	3	4	5	6	7	8	9	10
RI	0	0	0.52	0.89	1.11	1.25	1.35	1.40	1.45	1.49

　　按照萨蒂（1993）给出的一致性指标修正方法，当比较判断矩阵的一致性比值 $CR < 0.1$ 时，表明矩阵具有良好的一致性。

二　确定企业利益相关者重要性程度的一个算例

　　我们可以在决策支持软件包 Expert Choice for Groups 中建立如图 3 - 4 所示的企业利益相关者分类体系结构，其中，图 3 - 4 中展开的是企业利益相关者的"权力性"属性，其他几种属性也可以做类似开展。

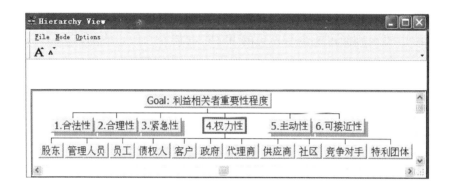

图 3 - 4　企业利益相关者分类体系结构

注：图中的"特利集团"在正文中的表述是"特殊利益集团"，因为是截图无法修改，在图中仍然使用"特利集团"；图中的"管理人员"在正文中的表述是"管理者"。下同。

（一）运用 AHP 建立优先级

　　利用 AHP 为下列问题建立总体目标的优先级：（1）6 个判断准则对于实现"确定企业利益相关者的重要性程度"的总体目标的重要性；（2）11 类企业不同利益相关者的"合理性"比较；（3）11 类企业不同利益相关者的"合法性"比较；（4）11 类企业不同利益相关者的"权力性"比较；（5）11 类企业不同利益相关者的"主动性"比较；（6）11 类企业不同利益相关者的"紧急性"比较；（7）11 类企业不同利益相关者的"可接近性"比较。

　　为 6 个判断准则建立优先级，判断准则即它们对总体目标"确定企业利益相关者的重要性程度"的重要性，同理，可以分别得到以每个判断准则判断 11 类企业不同利益相关者的优先级。

（二）配对比较

配对比较是 AHP 的基石，在 AHP 给 6 个判断准则建立优先时，企业决策者必须一次配对比较两个判断准则，得出相对于另一个判断准则，这个判断准则的重要性，也就是说，现有 6 个判断准则，企业决策者必须做出以下比较。

为了衡量这 6 个判断准则之间的重要性程度，AHP 采用分值 1—9 来测量，在确定企业利益相关者重要性程度的过程中，AHP 运用表 3-6 中的数据来衡量其相对重要性程度。

AHP 具有的灵活性能够反映每个企业决策者的独特偏好。首先，决策者考虑的判断准则可能会随着决策者的变动，他们甚至还可以增加其判断准则，做更多的配对比较。其次，如果同意上述 6 个判断准则，但也可能会在这 6 个判断准则的相对重要性上有分歧，就可以调整判断准则的数值等级，反映出企业决策者的个人偏好。

为了确定利益相关者重要性程度判断准则的优先级，可以建立一个矩阵模型，这可以通过表 3-6 所示的比较结果来描述这个矩阵。

（三）综合处理及一致性问题

这一步骤就是运用配对比较矩阵，按照各个对于实现"得出企业利益相关者重要性程度"这个最终目标的重要性，计算各个判断准则的优先级。

AHP 的关键是前面提及的配对比较，而决策者在这个过程中需要格外注意的是做配对比较判断时的一致性。如判断准则 A 与判断准则 B 比较，得分为 3；而判断准则 B 与判断准则 C 比较，得分为 2。如果比较尺度完全一致，那么判断准则 A 与判断准则 C 比较，得分为 $3 \times 2 = 6$。如果决策者给 A 比 C 赋值为 4 或 5，那么在配对比较中就会存在不一致。

由于在利益相关者重要性程度决策中比较的数量较多，很难做到一致。事实上，任何配对比较都允许存在一定程度上的不一致，为了解决这一问题，AHP 提供了一种方法来测量决策者在做配对比较时的一致性。如果一致性程度达不到要求，决策者应该在实施 AHP 分析前重新审核配对比较并做出修改。AHP 通过测量配对比较中的一致性指标 CR（CR 如果小于等于 0.1，表明配对比较可以通过）来解决这一问题。

（四）利用 Expert Choice for Groups 软件求解 AHP 矩阵

我们利用决策支持软件包 Expert Choice for Groups（第 2 版，支持中文输入）对调查所得到的企业利益相关者属性进行综合评价。将调查资料进行初步整理，输入计算机处理系统中，得到如图 3 - 5 至图 3 - 7 所示数据及图形。

将表 3 - 6 中的相关数据（取整数位）输入计算机处理系统，并进行配对比较，得到如图 3 - 5 所示的处理结果。还可以利用图 3 - 5 中的配对比较所得数值的不同对 6 个判断准则的重要性程度进行调整。

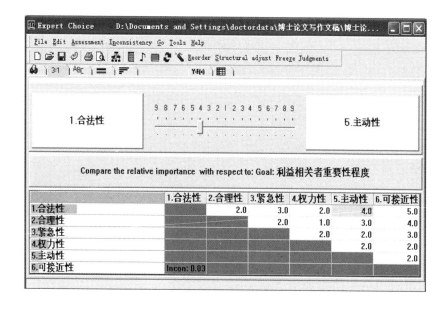

图 3 - 5　利益相关者属性配对比较数据

Expert Choice for Groups 能够根据企业决策者对其利益相关者的相关属性进行配对比较，并用（L：. × × ×）表示其中某个属性（判断准则）的重要性程度（×××代表小数0. ×××）。在图3－6中，合法性（L：.347）表示合法性在某企业的利益相关者的相关6个属性中的重要性程度为0.347，合理性重要性程度为0.213，紧急性重要性程度为0.161，权力性重要性程度为0.143，主动性重要性程度为0.081，可接近性重要性程度为0.056。其中，配对比较中非一致性指标 Inconsistency 为0.03（Inconsistency 如果小于等于0.1，则表明配对比较可以通过）。

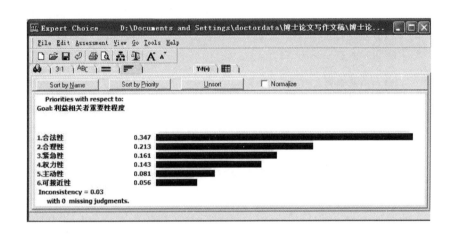

图3－6 利益相关者属性配对比较结果

图3－7表示在每个属性的下一层次中对企业不同利益相关者进行某一特定属性的配对比较，同样，得到（L：×××）表示其中某个利益相关者的重要性程度（×××代表小数0. ×××）。而在合法性这一属性中的配对比较中，员工（L：.095）表示员工在某企业所有（11类）利益相关者合法性这一属性的配对比较中的重要性程度"。其他则为：管理者（L：.095）、股东（L：.101）、供应商（L：.080）、代理商（L：.101）、客户（L：.111）、政府（L：.111）、债权人（L：. 111）、社区（L：.103）、竞争对手（L：.064）、特利团体即特殊利益团体（L：.029）。

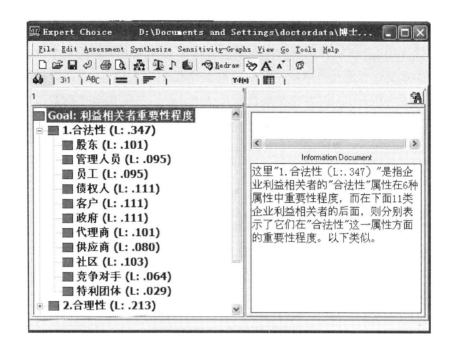

图3-7　利益相关者属性重要性程度及利益相关者重要性程度

利用前面两步的处理结果，可以利用 Expert Choice for Groups 的 Synthesize 功能来完成对企业利益相关者的分类与排序，得到如图3-8所示的最后结果。

三　结果分析

仔细观察图3-8，我们不难发现，在这次的评价过程结果中，政府被计算机处理系统放在企业最重要的利益相关者这个位置（L=0.112），这有一点超出我们的预想，原以为企业股东会被计算机处理系统放在最重要的利益相关者这个位置。后来，我们进一步对被调查企业所得的数据进行核实，觉得无误后，我们开始以下探索：

第一，我国在从计划经济体制向市场经济体制转换过程中，企业经营管理的各项活动都还在不同程度上带有"政府部门"的影子。尤其是部分被调查企业的大股东仍由政府部门指定其代理人（委托人），其管理层多为政府相关部门指定，并代理政府管理企业，所以，政府的重要性程度（L=0.112）被计算机系统认定为企业最为重要的利益相关者。这种情形可能会随着我国经济体制改革的逐步深入而发生变化，这种变化也是笔者在以后的研究方向之一。

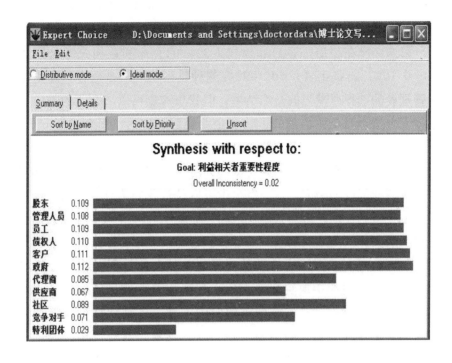

图 3-8　利益相关者重要性程度数据

第二，就在政府这一类企业利益相关者获得企业最重要的利益相关者之后，我们也欣喜地发现，企业客户（L=0.111）被计算机系统认定为仅次于政府的企业利益相关者，这也说明我国企业在从计划经济体制向市场经济体制转换的过程中已经逐步趋向于认同客户的价值，"客户是上帝"已经得到了广泛的认同。

第三，排在政府和客户之后的企业利益相关者是债权人（L=0.110）。这种排序也体现了我国企业治理与现行投资融资体系的部分特点，债权人在企业治理中的作用是随着我国企业法等相关法律制度的完善而逐步增强的。综观全球融资方式的演变过程，经济发达国家企业通过"债务融资"的资金数量已经远远超过了股权融资的资金数量。这不仅仅是前者的融资成本较低的缘故，而且，还有公司治理与企业战略发展需要的原因。在这一点上，我国企业也已经深深地领会到了这一更深层次的含义，我们所调查的企业管理者的选择就说明了这一切。

第四，排在政府、客户和债权人之后的企业利益相关者是股东（L=0.109）与员工（L=0.109），这种排列不知道是巧合，还是企业管理者的选择所带来的必然结果，但我想这也可以从企业的物质资本与人力资本对企业治理的影响和企业经营管理的作用来进行分析。作为企业核心利益相关者的股东与员工对企业管理者而言，他们对企业的影响或者他们受企业的影响都是同等重要的，他们的利益要求应该得到同样程度的响应，这一点至少可以从被我们调查的企业管理者的心目中得到体现，这与我国传统的"企业主人翁"精神相一致，也可以与后文提及的企业利益相关者协调管理模式相吻合。

第五，具有戏剧性的结果是，管理者被企业管理者在调查表与我们的计算机系统中放置在企业核心利益相关者的最后一类。不知道是所有的被调查者在有意隐藏他们的本意，还是计算机系统的正确决策，要说是被调查者有意的话，这种问题是有较高难度的，我们更趋向于认为这是企业管理者的本意，因为不管是从企业经营管理的角度来分析管理者对企业的影响，还是从管理者本身也是企业员工的角度来分析企业对管理者的影响，都会说明管理者在企业利益相关者管理中的影响，这其中不排除可能有管理者的谦虚所带来的影响。

第六，接下来的企业利益相关者重要性程度排序依次是社区（L=0.089）、代理商（L=0.085）、竞争对手（L=0.71）与供应商（L=0.67）。在这里的重要性程度排序中，社区排在了代理商、竞争对手甚至排在了供应商之前，这就要结合中国企业的实践进行分析。中国企业从创办之初，多倡导工厂宿舍一体化，即企业生产经营区与员工生活居住区多紧密连接在一个区域，以降低生活成本与提高工作效率，时间长了，员工居住区就逐步演变为当地社区，而这种社区对企业的影响是可想而知的。

在市场竞争日趋激烈的形势下，企业之间的竞争也逐步走向代理商关系的竞争，尤其是一些成熟企业之间的竞争，这些企业代理商管理的重要性也就突出了，"渠道为王"的时代已经来临，越来越多的企业正逐步演变为"哑铃型"企业，这又将更加加剧这种趋势。这种趋势将会随着经济全球化竞争的激烈程度日益加强，我国企业管理者能够意识到这一点，对于将来走向世界，去面对跨国企业集团的激烈竞争是有益的。

丘吉尔有一句名言："没有永久的朋友，也没有永久的敌人，有的只是永恒的利益。"用这句话来描绘企业与竞争对手的关系再恰当不过。在经济全球化趋势下，企业与竞争对手的关系已经逐步从"零和博弈"迈向"多赢博弈"，受利益驱动的相互竞争的企业也可能趋向于联合起来，20 世纪 80 年代兴起的企业购并风潮就说明了这一点。

供应商的重要性程度虽然排在较后的位置，但这并不能说明企业管理者就不重视它们。在我国企业经营管理模式由传统的计划经济体制向市场经济体制转换过程中，作为企业外部利益相关者之一的供应商的地位已经逐步得到加强，我们只是觉得还做得不够，供应商的地位理应得到与代理商同等程度的重视，这才是企业利益相关者管理的选择策略。

第七，中国企业也会存在一些特殊利益团体，它们的利益相关者要求也是企业不容忽视的，如环境保护组织、动物保护组织、绿色和平组织等一些团体组织。

小　结

本章要解决的核心问题是：企业有哪些主要利益相关者，他们分别具有哪些属性，这些利益相关者属性是如何影响利益相关者对企业的重要性程度的。首先，研究了企业利益相关者的界定及企业主要利益相关者的构成；其次，研究了各类企业主要利益相关者的属性是否存在差异；最后，以调查取得的某企业数据为基础，分析了该企业的主要利益相关者的程度。

研究表明，每一类企业利益相关者都存在多种属性，因此，其重要性程度受这些属性的相互作用。我们将企业利益相关者属性进行聚类分析，从而将企业利益相关者属性分为法力属性、能力属性和紧急属性三种，便于后文的分析。

企业 11 类主要利益相关者在合法性、合理性、权力性、可接近性、主动性和紧急性 6 种属性具有较大的差异性，从统计分析结果与利用 AHP 分析的结果来进行研究其一致性，表明企业的 11 类利益相关者中，政府、管理者、员工、股东、债权人与客户是企业的核心利益相关者。而代理商、供应商、竞争对手、社区与特殊利益团体则表现出更大的差异性，这与企业利益相关者管理方式有一定的关系。

从实例分析的结果来看，现阶段，我国企业的主要利益相关者还是股东、管理者、债权人、员工、客户与政府。这说明在当前经济社会环境的发展中，政府对于企业经营的作用依然是很强大的，这反映了中国企业现阶段为谋求有利于自己外部环境而影响政府政策与法规的意图比较明显（田志龙、高勇强、卫武，2007；田志龙、邓新明，2007）。

企业利益相关者能够动态地、顺畅地从一个类别进入另一个类别中。

在确定企业利益相关者重要性程度时，对利益相关者的确定、利益相关者属性的重要性程度及配对比较的判断、AHP 矩阵的一致性调整以及企业在制定调查表的过程中都会牵涉企业决策者、专家及被调查者的主观意见，以致这种评判结果会带有一定的主观性。在使用这种方法时，应该使整个决策过程尽可能地程序化、科学化，对于有些数据，力争做到大样本调查，并尽可能消除决策过程中的主观性等误差。

案例　竞争对手与供应商的利益协调：
色素公司的成功经验

　　××色素有限责任公司（以下简称色素公司）是一家以生产天然色素的企业，该公司以长阳县盛产的优质栀果为原材料，从中提取食用黄色素，栀果黄色素是色泽鲜艳、着色力强、耐光耐热、无异味无沉淀、安全性高的天然食品色素和天然染料。栀果作为加工用原材料的市场需求量很大，致使价格坚挺。这里的栀果具有以下特点：一是果实大。单果平均重达 20 克，比其他普通栀果重 1 倍以上。二是色素含量高。干栀果的色素含量平均为 10%。三是色价高。色价高达 500 个色价，比国内标准高出 6 倍以上。四是丰产性良好。亩产可达 1000 公斤以上。

　　近年来，都镇湾镇大力发展栀果种植，成效显著。他们以市场为导向，以龙头企业为载体，以科技为支撑，采取政策引导与农民自愿相结合的办法，紧密结合退耕还林、扶贫开发、移民开发、专业村等工程建设，促进了栀果产业化的快速发展。首先是发展和壮大龙头企业，一举盘活了色素公司年生产栀果黄色素 15 吨，消耗干栀果 150 吨，创产值 750 万元，创税 140 万元。其次是科技服务体系趋于完善。县科技局与湖北农学院合作，对栀果虫害综合防治进行深入研究，取得了良好进展；县林业局加强栽培技术培训，林农基本掌握了栽培技术，正由传统粗放式经营向集约化经营转变，既提高了栀果产量，又保证了栀果品质。最后是产业优势正逐步形成。都镇湾镇现有栀果栽培面积 1.7 万亩，年产栀果 200 多万千克，每年提供财政收入 100 多万元，成为该镇的一个重要支柱产业。色素公司为当地缓解了劳动就业压力，2003 年就接纳下岗职工 20 多人；为农民增加收入 800 多万元，上缴税收 30 多万元。农民尝到了栽植栀果的甜头，都镇湾镇发展到 1 万多栀果种植户，35000 多人受益。

　　可是，这样的好景不长，当地优质的栀果吸引了外地色素企业。

从 2004 年开始，甚至还有一些东亚国家（韩国、日本）的色素企业（竞争对手）到长阳县提前采购栀果，为了购买到栀果，他们的报价高于色素公司，而当地种植栀果的农民被眼前的利益所诱惑，为了卖一个好价格，不惜将尚未成熟的栀果提前采摘下来，并晾干出售给外来色素企业，从而使色素公司的原材料不够，为了维持公司正常的生产经营，只得与外省产地签订新的采购合同，而降低对本地资源的依赖程度。问题紧接着就出现了：首先，尚未成熟的栀果晾干后，加工时色素含量会降低，这相应地提高了外来色素企业的成本，而且尚未成熟的栀果晾干后，加工得到的色素的色价也不高，产品质量不高，售价也就不高，这批原材料使外来色素企业吃尽了苦头，并认为长阳县栀果质量下降，并于 2009 年放弃在长阳县的栀果采购计划。其次，由于 2004 年栀果的较高售价吸引了更多的农民开始种植栀果，并于外来色素企业采购之前将尚未成熟的栀果采摘并晾干，准备提前出售卖个好价格，可是等到栀果成熟并晾干准备出售时，还不见一个外来色素企业的踪影。再次，农民只能将这些尚未成熟的栀果出售给色素公司，而色素公司由于与外省产地签订了采购合同，也不准备在本地收购更多的栀果，何况是尚未成熟的栀果呢？最后，只得由当地政府出面协调，色素公司才愿意以低于市场价格 25% 的平均收购价收购当地农民的本地出产的栀果，而那些提前采摘的栀果还卖不到市场价格的 50%。

在这场栀果收购价格战中，种植栀果的农民无疑是损失最大的，而那些没有提前采摘栀果的农民在第二年也成为无辜的受害者。实际上，我们在与都镇湾镇镇长谈及这场栀果收购价格战事后的影响及政府在事件中的作用时，他着重赞扬了色素公司的做法。在整个栀果收购价格战事件中，色素公司的管理者都在积极地与当地政府部门进行沟通，也通过一些途径向外来色素企业（竞争对手）传递相关信息：尚未成熟的栀果晾干后产出率低，提取的黄色素质量低。事实上，我们可以通过色素公司利益相关者图谱来分析这次栀果事件（见图 3 - 8）。

从图 3 -9 所示的清色素公司利益相关者图谱中可以发现，在整个栀果事件中，色素公司的利益相关者管理策略是适当有效的。而政府在整个栀果事件中为了当地经济的发展，后来又协同相关部门为栀果种植户与色素公司签订了长期的栀果供销合同，这样，既维护了栀果种植农户的利益，也为色素公司提供了稳定的原材料供应基地，同时也促进了当地就业，增加税收，为地方经济的发展注入了新的活力。而色素公司在得到地方政府的支持后迅速得到了发展，追加投资扩大生产能力，又进一步增加了对栀果的需求量，为整个长阳县栀果种植业的发展发挥了重要作用，更重要的是，色素公司在长阳县投资的成功为长阳县接下来的招商引资活动作为典范来加以宣传，吸引了更多外来投资，为长阳县特色农村经济提供了资金与技术支持，并推动了整个长阳县经济的逐步增长，使部分边远乡镇也摆脱贫困境地，一步一步地走上致富之路。

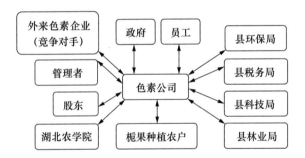

图 3-9　色素公司利益相关者图谱

第四章 利益相关者导向的企业使命与企业绩效

——基于沪深上市企业的实证分析

    企业在确定了其利益相关者之后，对与其利益相关者之间的关系应该进行有效管理，以确保企业实现经营管理目标。几乎所有企业都在探寻那些"常青树"企业长盛不衰的原因。追溯这些"常青树"企业的沿革我们可以看到，历史最悠久的投资银行——雷曼兄弟企业（1850年成立）作为一家为全球企业、机构、政府和投资者的金融需求提供服务的全方位、多元化投资银行，在全球范围内建立起了创造新颖产品、探索最新融资方式、提供最佳优质服务的良好声誉。这一声誉来源于其杰出的员工及其热忱的客户服务，企业为在协助客户成功的过程中与之建立起的长期互利的关系而深感自豪。这里需要强调的是，企业建立了良好的利益相关者关系：员工关系与客户关系。由于受次贷危机影响，雷曼兄弟企业出现巨额亏损并最终申请破产保护。分析其根本原因，还是其利益相关者关系的维系遭遇到严重的困难所致。分析其经营历史后，我们认为，无论企业经营环境将来如何变化，拥有良好利益相关者关系的企业将始终能够应对各种恶劣的竞争环境与内部矛盾。

    比如，思科企业就曾经抱有令人难以置信的对企业使命的热情，这种使命得到了思科历史上每一位成功领导者的支持，以及思科所有员工与股东的支持。思科的使命是：为其他企业提供商业解决办法，以帮助其实现计算机网络化，他们通过满足顾客的愿望、梦想与要求来完成企业的使命。在这样的环境下，思科雇用聪明的人，授予他们股票期权，并对工作小组赋予自主权力，为员工提供培训，并使每一位员工都关注对顾客的影响。思科团队对顾客提供的解决办法，创造出了不可思议的忠诚。公司也给那些把企业卖给思科的所有者提供优惠的价格，公司的客户和其他从公司获利的人通过迅速增长的网络解决方案，增加消费支出，给公司带来了丰厚的回报，公司的股东已经在金融市场上获得了令人难以置信的收益。

第一节　理论与假设

一　利益相关者关系类型

事实上，建立良好的利益相关者关系需要具备两个条件：一是企业管理者能够为企业建立一个明确、实在、宏伟的企业愿景；二是在实现企业愿景的过程中能够贯彻一个正确的企业价值观。这两者结合起来考虑，就是企业利益相关者关系的建立与维持始于言论，而落实于行动的过程。有关利益相关者关系的先期研究可以追溯到 20 世纪的 70 年代（Mitroff，1982；Emshoff，1978），在这些文献资料中，研究人员主要调查了企业在使命陈述等方面的言论与其塑造企业价值观所采取的行为（利益相关者管理行动）之间的关系，结果表明，虽然一些社会问题，如环境与多样性在企业使命陈述中是经常不包括在内的，但是，企业的使命陈述内容与这些问题和行为是明显相关的。当然，也有研究结果表明，在使命陈述中所提及的具体利益相关者群体（员工、客户和社区）与涉及这些利益相关者的行为之间并不存在上述关系（Barbara and Myron，2008）。这些研究表明，在使命陈述中涉及特定社会问题与企业政策制定有关，企业在使命陈述中涉及具体利益相关者群体可能是传统势力影响的结果。

很少对企业使命给予足够思考可能是企业失败的最重要的单一原因（德鲁克）。现代企业使命陈述的主要思想主要以彼得·德鲁克在 20 世纪 70 年代中期提出的一系列方针为基础。德鲁克说：问"我们的业务是什么"就等于问"我们的使命是什么"。作为将一个企业与其相似的其他企业相区别、长期适用的目标陈述，使命陈述是企业

"存在理由"的宣言，它回答了"我们的业务是什么"这样一个关键性的问题。明确的使命陈述是企业有效地树立目标和制定战略的精髓所在。而"言行一致""Walk your talk"与"行动胜于言语"这些类似的短语通常用来描述人们期望某人说的话应该匹配其行为。比如说，人们普遍承认：企业应在广告真实性、公布准确的年度财务报表和报告问题上确保诚信，而虚假陈述将会遭受严厉批评，有时甚至是法律制裁。人们也同样期望企业公开的媒体信息，如企业的行为是与陈述的使命相一致的。然而，最近一些企业的丑闻表明，这些企业的行动并不总是与使命陈述做出的承诺一致。例如，有的上市企业高层管理者采取的行动与之前在企业使命陈述时做出的承诺形成强烈对比。如有的企业在使命陈述时强调诚信、尊重与沟通的重要性，但这些企业在发生会计丑闻时却忘记了当初在陈述企业使命时所说的"信任和诚信是至关重要的"（Plender, 2003）。这些传闻证据回避了问题的实质：在企业使命陈述与其实际利益相关者管理行为之间为何有如此大的差异性呢？本章将就企业决策方面的使命陈述和涉及利益相关者与其他社会问题的企业行为之间寻求一致性展开研究。

虽然使命陈述相关文献比较丰富，但大多是规范性的（Ireland and Hitt, 1992；Pearce and Roth, 1988）或描述性的（Bart, 1997a；David, 1989；Leuthesser and Kohli, 1997），这些研究倾向集中于应当包括的原理或者常用的一些原理。另外一些学者通过调查企业使命陈述与管理效率之间的关系展开了持续性研究（Bart, 1997b、1998；Bart and Baetz, 1998；Bart et al., 2001；Bart and Hupfer, 2004；O'Gorman and Doran, 1999；Pearce and David, 1987）。大多数企业都会公布他们的使命，通常情况是，这些企业的使命陈述是一种公开的声明，而这些声明就像德鲁克所独创和倡导的那样，企业使命应该是一个简洁的目的声明或者用于补充或更换作为一个营销或公共关系任务定向工具来管理利益相关者关系。因此，企业使命陈述已经成为企业管理的重要组成部分——管理利益相关者的关系，它沟通企业与利益相关者之间的关系（Leuthesser and Kohli, 1997）。利益相关者都期望企业的使命宣传能够清晰、准确地描述企业战略目标。然而，也有些人建议企业使命陈述不要总是准确地进行自我陈述（Ashforth and Gibbs，1990；Waddock and Smith，2000；Wright，2002）。虚假的、欺骗性的使命陈述将会损害企业的信誉。原因在于，信誉是建立在可信性基础之上的，而可信性是某一时间段内特定时刻某一实体的可信度……信誉是一个企业是否能够值得依赖，并做它做到说到的事情（Herbig and Milewicz，1995）。如果马宏和瓦提克的话（2003）是正确的，可信性和信誉在利益相关者管理中是一个重要问题，而企业使命陈述的准确性对于有效的利益相关者管理以及企业最终取得成功有决定性影响。尽管这个问题很重要，但是，似乎还很少有人来调查企业使命陈述中涉及利益相关者关系管理问题方面的准确性。

二 企业使命陈述与利益相关者

企业使命陈述是否准确地阐述了企业利益相关者有关的管理行为，也就是说，企业的实际经营决策行为是否体现了企业所陈述的使命。

企业使命原来只是简单地陈述企业的目的（Bailey，1996；Drucker，1973；Ireland and Hitt，1992），后来才逐渐地演变成组织对于外部影响机构（利益相关者）做出的承诺并在公开媒体上进行的信息披露。关于企业使命陈述的研究文献强调的不仅有重视利益相关者的重要性，还包括所提到的一些其他具体构成元素（Ireland and Hitt，1992；Pearce and David，1987；Vogt，1994）。事实上，实证研究表明：企业使命陈述经常提到一些主要利益相关者（Bart，1997b；Bartand Hupfer，2004；Leuthesser and Kohli，1997）和强调组织的社会责任（David，1989）。

主要利益相关者和社会议题在企业使命陈述中的共同作用表明，一些利益相关者团体对于企业管理者来说非常重要（Mitchell et al.，1997）。这些经常同时持有权力性与合法性（Mitchell et al.，1997）的主要利益相关者有自己的目标，他们可能影响该企业的长期发展与生存。这样，一些对于利益相关者很重要的问题，如谁直接或间接控制企业所需要的资源（Pfeffer and Salancik，1978），希望获得利益相关者控制的资源的企业可能需要，至少在口头协议上解决这些问题。

也有研究表明，企业在以往出版物中的措辞已经从"利润说"转移到"公开承认利益相关者的问题"（Fairfax，2006）。费尔法克斯指出：财富500强排名前50家企业中有44家企业在其年度报告中提到利益相关者问题，有43家企业在其企业门户网站提到利益相关者关系。而在我国，一些管理比较规范的上市企业也都在其年度财务报告中有一部分内容披露其利益相关者关系，并在其企业网站的首页能够找到与利益相关者关系相关的信息。而且从全球范围来观察，大多数企业在其企业出版物内都证实与其利益相关者之间存在积极的利益相关者关系（Fairfax，2006），并在企业使命陈述中提及一些特定的利益相关者群体（Bart，1997a；Bartkus et al.，2004；Leuthesser and Kohli，1997）。唐纳德森和普雷斯顿（1995）认为，大多数管理者能够认识到利益相关者管理的重要性。公开的声明，如使命陈述是用于向利益相关者传递有关企业信息的一种工具，管理者或高层管理者希望企业决策被利益相关者理解。因此，高层管理者可能会运用一些包括"决策正确"或"社会所接受"等词组，因为该企业需要承认对一些特定的利益相关者和社会问题负有责任。这种公开声明意味着该企业实际上所从事的这些行为受益于企业的利益相关者。更确切地说，企业希望利益相关者接受作为企业优先权和行动的准确指示器的使命。但是，由于实质性管理是成本昂贵、执行困难而费时的，许多管理者可能更喜欢象征性的使命陈述（Ashforth and Gibbs，1990）。象征性管理除用过"保持灵活性与资源"外，还可以产生"符合社会的价值观和期望"的效果。

利益相关者管理是一个广泛的概念，包括具体决策、企业影响利益相关者行动（Hillman and Keim，2001）和设计用于改善企业形象的公共关系公报。因此，本书提供两种关于使命陈述和利益相关者管理观点。一个是使命陈述是组织内部采用指导和/或反映政策和规程的书面表达，因此是企业利益相关者管理行为的准确描述。另一个是使命陈述是利益相关者的管理工具，它与组织的实际行动或决定很少有相似性。

（一）作为行为向导（激励）的使命陈述

本书的第一个观点假定企业使命陈述是企业利益相关者管理行为的准确描述。这个观点基于两个因素：第一，使命陈述作为一个内部政策或行为指南的书面声明来指导员工和管理者直接行为和决策；第二，使命陈述是一个外部的直接信息，它是一个自动交流或自我对话的一部分。也就是说，它会给组织成员反馈信息，从而有助于控制管理行为。

企业使命是决策者能够制定与实施企业战略规划过程的基础（Pearce and Roth，1988）。这表明企业使命是内部政策和管理规程的基础。因此，企业使命陈述被期望来指导和指引普通员工与管理者的行为（Campbell，1997；Drucker，1973；Ireland and Hitt，1992）。研究表明，如果使命是政策的支柱，那么清晰又详细的使命是非常重要的。巴特等（Bart et al.，2001）认为，清晰表达使命陈述更可能与内部政策和体制保持一致，而更高的一致性则更可能提高、指导员工的效率。

虽然很多使命陈述旨在企业的外部团体，但是，它们是企业利益相关者自动交流的组成部分（Christensen，1997）。莫辛（Morsing，2006）认为，即使企业交流针对外部受众（如同企业使命陈述时所说），企业交流的一个重要作用就是其利益相关者也会收到企业内部的信息反馈。也就是说，使命陈述是企业通过"组织承认与确认自身形象、价值观及其推测"来实现自我交流的一种形式（Christensen，1997）。公开的使命陈述（假装）通知外部关键利益相关者关于企业的行为和意图……这些企业信息的主要目的是为了一个有效的企业的组织纪律（Morsing，2006）。这就表明：即使使命陈述的措辞只是为了争取外部利益相关者的支持，包括在使命陈述内的公开承诺给企业管理者与员工在制定、执行企业决策时要与企业使命保持一致而带来压力；这也表明，使命陈述的内容应该是企业利益相关者管理的一个可靠的指示信号。

因此，如果使命在书写时强调的是引导行为，或者在书写时强调要安抚利益相关者，我们将预料到组织决策会与其使命陈述的内容保持一致。然而，外部问题（如政治压力、法规、竞争力等）可能干预和影响最终结果，有些地方可能会出现矛盾。尽管如此，我们相信，如果大部分的决策和政策与使命陈述的目标保持一致，我们应该会在使命陈述内容和利益相关者管理行动中找到一个积极关系。

假设4-1：在使命陈述中包括利益相关者问题的企业比那些在使命陈述中忽略了这些问题的企业更有可能在实践中成功地解决这些问题。

使命陈述还没有习惯于作为企业决策的基础是有可能的，而企业目前的战略、行为、决策、政策与声誉已成为用于创建公开使命的信息来源。也就是说，首先是制定企业政策，然后才是书面反映政策和决策结果的企业使命陈述。如果企业在过去一直有良好的社会形象，其使命陈述就会反映出来。因此，企业使命是企业以前社会形象的准确的指示信号。然而，由于一个在利益相关者管理方面有着不良记录的企业是不太可能吹嘘其使命陈述的，因此，我们认为，一个具有利益相关者管理良好记录的企业要比那些曾经有过不良记录的企业更有可能将其在利益相关者管理上的成就纳入其企业使命陈述。

假设4-2：在使命陈述中包括利益相关者问题的企业要比那些忽略利益相关者问题的企业在最近一段时间更有可能成功地解决这些问题。

(二) 作为形象管理的使命陈述

使命陈述的另一个理由是，企业迫切期望拥有一个使命陈述。"使命陈述因为流行而时髦" (Krohe, 1995)。制定与发布使命很可能是社会某种传统压力的结果 (Meyer and Rowan, 1977)，从而获得了道德合法性 (Suchman, 1995)。也就是说，企业使命的创建是为了给社会一个印象，即企业有适当的形象和公众可接受的目标。因此，大多数使命陈述使人们感觉到企业渴望与利益相关者建立积极的关系，大多数使命陈述使用了这样的短语来表明企业对员工、社会与客户的关注 (Bart, 1997a; Leuthesser and Kohli, 1997)。此外，许多使命陈述还包括使用一些短语来表明该企业正在关注其公众形象和社会政策问题 (David, 1989)。同样，卡普坦 (Kaptein, 2004) 研究发现，大多数企业在其章程中提及利益相关者和社会责任问题，例如，歧视、环境、产品质量等。

然而，在使命陈述中涉及利益相关者并不能意味着这就是该企业的实际目标和指导决策的方针（Bartkuset al.，2000）。根据坎贝尔和亚历山大的研究，现实中正在进行的短期和中期目标与企业使命陈述相比较，可能会面临各种困难。发展过程中，现实的短期目标和关于使命陈述为基础的中期目标往往充满了矛盾（问题）（Campbell and Alexander，1997）。这就是"难以将可能与使命陈述阶段相关的价值观纳入组织日常运转所形成的气质与组织文化中来"的问题（Moore，1993）。也有可能是这样，使命本身可能已被制作为发出"符合社会理想"的虚假外观（Suchman，1995）。在这两种情况下，赖特的调查发现：企业的使命陈述与作为决策指导的价值观之间是脱节的：60%的经理认为，其企业使命是不现实的（Wright，2002）。

我们认为，企业制定这些欺骗性的使命陈述是因为企业需要为其缺乏积极的利益相关者管理行动而偿还某些东西。一个社会认可的使命陈述要比只是在满足利益相关者期望的过程中制定和实施的政策更容易设计。因此，使命陈述可能完全是象征性的，而不是实质性管理（Meyer and Rowan，1977；Ashforth and Gibbs，1990）。正如萨奇曼所说的那样，组织经常提出玩世不恭、自私自利的道德规范，然后来支持、放大与神化一些象征性的姿态（Suchman，1995）。因此，我们下一个假设的基础是阿思福斯和吉布斯命题：合法性的抗议对于低合法性的组织（能够被利益相关者察觉的）将是最有用的（Ashforth and Gibbs，1990）。萨奇曼也曾断言，在极端情况下，由于组织目标经常充当主要理由而不是作为专业指令来出现，管理者才可以玩世不恭甚至修改使命陈述的核心内容，以便做出虚假陈述来混淆社会理想（Suchman，1995）。

假设4-3：使命陈述包括利益相关者问题的企业要比那些使命陈述缺少这些问题的企业更不太可能成功地处理利益相关者问题。

第二节　研究方法、数据收集与整理

一　样本

样本中的企业来源于 2013 年沪深上市企业净资产收益率 450 强企业。其中，65 家企业无法得到他们的使命陈述（这些企业于 2013 年年底还没有使命陈述，或者它们没有在企业网站，或者在年报中披露其企业使命），最后经过整理分析后得到 385 家上市企业的使命陈述资料。[①]

二　变量

（一）因变量

我们将因变量定义为一种能够解决利益相关者问题的能力，这些问题涉及一个企业管理其利益相关者的态度和行为，而这些态度和行为会影响企业的经营绩效。本书在研究中拟用净资产收益率来描述企业的经营绩效。本书的研究对象包含企业的主要利益相关者，即使命陈述中最常见的利益相关者，如股东、管理者、债权人、员工、客户、政府、代理商、供应商、社区、竞争对手与特殊利益团体等（Bart，1997b；Leuthesser and Kohli，1997；张秋来，2009）。这个定义与米切尔等在 1997 年提出的概念是一致的（Mitchell，1997），他们认为，利益相关者的主要属性是权力性、合法性和紧迫性。同时，本书为了较准确地确定企业利益相关者的类型，进一步将利益相关者属性进行了分类，增加了主动性、合理性和可接近性三种属性。

企业管理其利益相关者的态度与行为最终将影响企业的经营绩效指标。因此，本书准备用样本企业的净资产收益率作为因变量来研究企业的利益相关者管理及确定利益相关者关系管理的类型。

本书借鉴希尔曼和凯姆（2001）使用的 KLD 指数来衡量利益相

---

① http：//data. eastmoney. com/bbsj/201312/jzcsyl/1. html.

关者管理行动。本书研究了 KLD 关于利益相关者管理行为的 6 个主要领域的报告，其中增加两个新的领域，即管理者与股东。四个界定和评估企业涉及具体的利益相关者团体（管理者、股东、员工和客户）的行为，其他三个定义和评估企业涉及更广泛的社会范围，如社区、环境和多样性。

KLD 的研究和分析主要是收集和组织企业社会责任数据，评估企业的利益相关者关系管理。

客户关系主要是指企业与客户之间的利益纽带是否持久与稳定。今后的发展趋势更多的是一些涉及客户服务契约方面的平等与公正关系。

股东关系包括企业与所有股东，尤其是大股东的关系、具体涉及企业的长期发展战略是否得到股东的理解与支持、股东与企业是否有机会主义行为、企业是否存在"内部人控制行为"或职业经理人是否有欺诈意图等。

员工关系包括企业与工会、利益共享、员工参与管理等方面的优势和优厚的退休福利。

管理者关系主要是指企业高层管理者是否得到企业股东或董事会的理解、信任、支持与有效激励，包括在企业战略的选择与实施过程中的一些涉及各利益相关者的行为。

社区的作用体现在企业使命陈述中是一个多种利益团体有机结合起来的"社区、社会与世界"团体，包括与企业附近的居民建立积极的双赢关系、披露透明的必要采购信息和良好的工会关系等。

企业使命陈述中的多样性主要是指企业在经营管理过程中的一些日常行为是否围绕着"以人为本"这一思想，集中体现在"相对平等"的理念上，能够容忍一些"另类"思想存在。有关多样性的相关政策会在一些企业管理体系比较健全的企业或行业中体现出较高的积极效应。我国相当多的企业在这一点上做得不够好，最突出的一点是跨地区经营的企业在不同地区不同程度上存在一些违反《劳动法》的相关行为，其中包括一些政府机构或研究机构等事业单位也有类似现象。

企业的环境类利益相关者主要有两类：一类是企业经营的政治经济环境。企业经营战略是否与当地政府的产业经济政策相符合或者是否得到当地政府的积极支持，如税收优惠与相关政策，就像比亚迪汽车在西安建立生产线之后，西安市的出租车行业就更多地选用比亚迪轿车作为运营车辆。另一类则是更广泛意义上的自然环境，包括对有益产品与气氛友好政策的积极评价，如减少污染、回收、使用替代燃料等。

（二）自变量

研究设计的自变量就是使命陈述的内容。从每个企业的网站和年度报告上查看企业 2013 年的使命陈述。由于理论研究者和企业管理者对于企业使命陈述所使用的术语不同，企业使命、愿景、理念、价值观和目标经常互换（David, 1989；Levin, 2000），我们将使命陈述定义得较为宽泛，大致与 Leuthesser 和 Kohli（1997）的定义相类似，其中包括在同一基础上列出等同的企业描述与价值观陈述。根据爱尔兰和希特（1992）的判断与皮尔斯和罗斯（1988）关于使命陈述的说明，我们研究企业使命陈述时会包括以下要素：目的、目标、产品市场和价值或哲学观点。对于有些企业，我们发现价值陈述毗邻该企业的使命陈述。

我们仔细、耐心地阅读每一个上市企业年报或网站上的使命陈述，看看该企业是否包含某些词组或短语来提及以下利益相关者和/或社会问题：股东、社区、社会、世界、环境、多样性、员工和客户等。许多企业在其使命陈述中指出了社区的重要性，但可能使用不同但类似的词语，如"世界"或"社会"，我们认为，所有这些条款可以归类为"社区"。同样，我们使用"同事"和"雇员"等术语来定位企业的员工。我们也期待在使命陈述中使用专有名词来定位企业的客户、环境与多样性。我们为使命陈述中的每一个利益相关者群体和社会问题建立了一个虚拟变量。

三　统计方法

我们使用 T 检验寻求在企业使命陈述中包含一些特定要素的企业与在使命陈述中缺少这些要素的另外一些企业之间的差异，对于两样本平均数进行比较，即常用的两样本 T 检验。首先，我们用莱文（Levene）

检验（方差齐性检验）来测定哪一个 T 值来检测假设检验的统计显著性。对于假设 4-1 和假设 4-3，我们研究的重点是检验在 2013 年企业年报（或者企业网站）中涉及企业使命陈述的内容中有无相应词语或短语的企业在其利益相关者管理过程中的表现是否存在显著性差异，其中主要是在 2013 年使命陈述内容中包括有特定要素的企业和没有特定要素的企业进行的比较。如果企业使命陈述是用于引导控制行为和管理决策的，预计将会在使命陈述中包括有关要素的企业中找到更加重要的利益相关者优势关系或者更加少的利益相关者劣势关系。对于检验假设 4-2，我们研究了 2013 年上市企业净资产收益率和包括在 2013 年的使命陈述的内容，这样来检验前面的假设：过去的社会表现反映在以后的使命陈述之中，这种类似的研究以后可以选择采用数据的追踪分析。

第三节　研究结果分析

频率和 T 检验结果列于表 4-1 至表 4-14 和表 4-15 中。表 4-1 至表 4-14 的 2013 年使命陈述内容与 2013 年企业净资产收益率数据之间的关系，使本书可以测试使命陈述的内容是否是当前利益相关者管理实践行为的指示器（假设 4-1 和假设 4-3）和企业使命陈述内容与利益相关者管理行为（假设 4-1 与假设 4-3）。我们在表 4-15 中提出使命陈述是以往利益相关者管理行为的指示器这一结论（2013 年上市企业的使命陈述内容与 385 家上市企业净资产收益率数据）。

由表 4-1 可以看出，企业使命陈述中是否涉及客户关系对于企业净资产收益率的样本平均值有一定的差距。通过方差检验，可以判断这种差异是抽样误差还是系统性的。

表 4-1　　　　　　　　　　组统计

	客户	样本量	均值	标准差	标准差均值
净资产收益率	1.00	374	25.0264	10.47243	0.54152
	0.00	11	16.7964	0.81527	0.24581

表 4 - 2　　　　　　　　　　　　独立样本检验

		莱文方差等同性检验		均值等同性 T 检验						
		F 检验	P 值	t 统计量	自由度	P（双尾）	均值差值	标准差差值	差值95% 置信区间	
									下限	上限
净资产收益率	假定等方差	5.737	0.017	2.603	383	0.010	8.23000	3.16181	2.01332	14.44668
	不假定等方差			13.839	209.989	0.000	8.23000	0.59470	7.05766	9.40234

表 4 - 2 是企业使命陈述内容中是否涉及客户关系的企业净资产收益率的均值检验结果。分析结论应该通过两步完成：

第一步，两总体方差是否相等的 F 检验。在表 4 - 2 中，该检验结果 F = 5.737，P = 0.017。如果显著性水平 α 为 0.05，由于 P 值为 0.017，小于 0.05，可以认为，两个总体的方差有显著性差异。

第二步，两总体均值的检验。在第一步中，由于两个总体的方差有显著性差异，因此，对应该表 4 - 2 中的第二行是 T 检验的结果。其中，t = 13.839，P = 0.000（双尾），如果显著性水平 α 为 0.05，由于 P 值为 0.000，小于 0.05，因此可以认为，两个总体的均值有显著性差异，即企业使命陈述内容中是否涉及客户关系的企业净资产收益率的平均值存在显著差异。

表 4 - 2 中的第七列与第八列分别是 t 统计量的分子与分母；第九列与第十列为总体差值 95% 置信区间的下限与上限。由于该置信区间不跨零，因此也从另一个侧面证实了上述推断。

由表 4 - 3 可以看出，企业使命陈述中是否涉及员工关系对于企业净资产收益率的样本平均值有一定的差距。通过方差检验，可以判断这种差异是抽样误差还是系统性的。

表 4 - 3　　　　　　　　　　　　组统计

	员工	样本量	均值	标准差	标准差均值
净资产收益率	1.00	126	34.2665	13.53473	1.20577
	0.00	259	20.1816	2.73057	0.16967

表4-4是企业使命陈述内容中是否涉及员工关系的企业净资产收益率的均值检验结果。分析结论应该通过两步完成：

第一步，两总体方差是否相等的 F 检验。在表4-4中，该检验结果 F = 77.183，P = 0.000。如果显著性水平 α 为 0.05，由于 P 值为 0.000，小于 0.05，因此可以认为，两个总体的方差有显著性差异。

第二步，两总体均值的检验。在第一步中，由于两个总体的方差有显著性差异，因此，对应该表4-4中的第二行是 T 检验的结果。其中，t = 11.567，P = 0.000（双尾），如果显著性水平 α 为 0.05，由于 P 值为 0.000，小于 0.05，因此可以认为，两个总体的均值有显著性差异，即企业使命陈述内容中是否涉及员工关系的企业净资产收益率的平均值存在显著差异。

表4-4中的第七列与第八列分别是 t 统计量的分子与分母；第九列与第十列为总体差值 95% 置信区间的下限与上限。由于该置信区间不跨零，因此也从另一个侧面证实了上述推断。

表4-4　　　　　　　　　　　独立样本检验

		莱文方差等同性检验		均值等同性 T 检验						
		F 检验	P 值	t 统计量	自由度	P（双尾）	均值差值	标准差差值	差值95%置信区间	
									下限	上限
净资产收益率	假定等方差	77.183	0.000	16.108	383	0.000	14.08489	0.87441	12.36564	15.80414
	不假定等方差			11.567	129.974	0.000	14.08489	1.21765	11.67591	16.49386

由表4-5可以看出，企业使命陈述中是否涉及管理者关系对于企业净资产收益率的样本平均值有一定的差距。通过方差检验，可以判断这种差异是抽样误差还是系统性的。

表 4 – 5 组统计

	管理者	样本量	均值	标准差	标准差均值
净资产收益率	1.00	161	32.4755	12.31499	0.97056
	0.00	224	19.2681	2.15200	0.14379

表 4 – 6 是企业使命陈述内容中是否涉及管理者关系的企业净资产收益率的均值检验结果。分析结论应该通过两步完成：

第一步，两总体方差是否相等的 F 检验。在表 4 – 6 中，该检验结果 F = 75.299，P = 0.000。如果显著性水平 α 为 0.05，由于 P 值为 0.000，小于 0.05，因此可以认为，两个总体的方差有显著性差异。

第二步，两总体均值的检验。在第一步中，由于两个总体的方差有显著性差异，因此对应该表 4 – 6 中的第二行是 T 检验的结果。其中，t = 13.461，P = 0.000（双尾），如果显著性水平 α 为 0.05，由于 P 值为 0.000，小于 0.05，因此可以认为，两个总体的均值有显著性差异，即企业使命陈述内容中是否涉及管理者关系的企业净资产收益率的平均值存在显著差异。

表 4 – 6 中的第七列与第八列分别是 t 统计量的分子与分母；第九列与第十列为总体差值 95% 置信区间的下限与上限。由于该置信区间不跨零，因此也从另一个角度证实了上述推断。

表 4 – 6 独立样本检验

		莱文方差等同性检验		均值等同性 T 检验						
		F 检验	P 值	t 统计量	自由度	P（双尾）	均值差值	标准差差值	差值 95% 置信区间 下限	上限
净资产收益率	假定等方差	75.299	0.000	15.728	383	0.000	13.20740	0.83973	11.55635	14.85846
	不假定等方差			13.461	167.043	0.000	13.20740	0.98115	11.27035	15.14446

由表 4 – 7 可以看出，企业使命陈述中是否涉及社区关系对于企业净资产收益率的样本平均值有一定的差距。通过方差检验，可以判

断这种差异是抽样误差还是系统性的。

表4-7　　　　　　　　　　　组统计

	社区	样本量	均值	标准差	标准差均值
净资产收益率	1.00	210	30.0529	11.65043	0.80396
	0.00	175	18.4772	1.65972	0.12546

表4-8是企业使命陈述内容中是否涉及社区关系的企业净资产收益率的均值检验结果。分析结论应该通过两步完成：

第一步，两总体方差是否相等的F检验。在表4-8中，该检验结果F=70.366，P=0.000。如果显著性水平α为0.05，由于P值为0.000，小于0.05，因此可以认为，两个总体的方差有显著性差异。

第二步，两总体均值的检验。在第一步中，由于两个总体的方差有显著性差异，因此，对应该表4-8中的第二行是T检验的结果。其中，t=14.266，P=0.000（双尾），如果显著性水平α为0.05，由于P值为0.000，小于0.05，因此可以认为，两个总体的均值有显著性差异，即企业使命陈述内容中是否涉及社区关系的企业净资产收益率的平均值存在显著差异。

表4-8中的第七列与第八列分别是t统计量的分子与分母；第九列与第十列为总体差值95%置信区间的下限与上限。由于该置信区间不跨零，因此也从另一个侧面证实了上述推断。

表4-8　　　　　　　　　　　独立样本检验

		莱文方差等同性检验		均值等同性T检验						
		F检验	P值	t统计量	自由度	P（双尾）	均值差值	标准差差值	差值95%置信区间 下限	上限
净资产收益率	假定等方差	70.366	0.000	13.031	383	0.000	11.57570	0.88829	9.82917	13.32224
	不假定等方差			14.226	219.148	0.000	11.57570	0.81369	9.97205	13.17936

由表4-9可以看出，企业使命陈述中是否涉及多样性关系对于企业净资产收益率的样本平均值有一定的差距。通过方差检验，可以

判断这种差异是抽样误差还是系统性的。

表4-9 组统计

	多样性	样本量	均值	标准差	标准差均值
净资产收益率	1.00	74	39.1962	15.74485	1.83030
	0.00	311	21.3637	3.82368	0.21682

表4-10是企业使命陈述内容中是否涉及多样性关系的企业净资产收益率的均值检验结果。分析结论应该通过两步完成：

第一步，两总体方差是否相等的F检验。在表4-10中，该检验结果F=67.082，P=0.000。如果显著性水平α为0.05，由于P值为0.000，小于0.05，因此可以认为，两个总体的方差有显著性差异。

第二步，两总体均值的检验。在第一步中，由于两个总体的方差有显著性差异，因此对应该表4-10中的第二行是T检验的结果。其中，t=9.675，P=0.000（双尾），如果显著性水平α为0.05，由于P值为0.000，小于0.05，因此可以认为，两个总体的均值有显著性差异，即企业使命陈述内容中是否涉及多样性关系的企业净资产收益率的平均值存在显著差异。

表4-10中的第七列与第八列分别是t统计量的分子与分母；第九列与第十列为总体差值95%置信区间的下限与上限。由于该置信区间不跨零，因此也从另一个侧面证实了上述推断。

表4-10 独立样本检验

		莱文方差等同性检验		均值等同性T检验						
		F检验	P值	t统计量	自由度	P（双尾）	均值差值	标准差差值	差值95%置信区间	
									下限	上限
净资产收益率	假定等方差	67.082	0.000	17.937	383	0.000	17.83255	0.99419	15.87780	19.78730
	不假定等方差			9.675	75.060	0.000	17.83255	1.84310	14.16096	21.50414

由表 4-11 可以看出，企业使命陈述中是否涉及环境关系对于企业净资产收益率的样本平均值有一定的差距。通过方差检验，可以判断这种差异是抽样误差还是系统性的。

表 4-11　　　　　　　　　　组统计

	环境	样本量	均值	标准差	标准差均值
净资产收益率	1.00	54	43.4246	16.21158	2.20612
	0.00	331	21.7513	4.22871	0.23243

表 4-12 是企业使命陈述内容中是否涉及环境关系的企业净资产收益率的均值检验结果。分析结论应该通过两步完成：

第一步，两总体方差是否相等的 F 检验。在表 4-12 中，该检验结果 F = 65.365，P = 0.000。如果显著性水平 α 为 0.05，由于 P 值为 0.000，小于 0.05，可以认为，两个总体的方差有显著性差异。

第二步，两总体均值的检验。在第一步中，由于两个总体的方差有显著性差异，因此对应该表 4-4 中的第二行是 T 检验的结果。其中，t = 9.770，P = 0.000（双尾），如果显著性水平 α 为 0.05，由于 P 值为 0.000，小于 0.05，因此可以认为，两个总体的均值有显著性差异，即企业使命陈述内容中是否涉及环境关系的企业净资产收益率的平均值存在显著差异。

表 4-12 中的第七列与第八列分别是 t 统计量的分子与分母；第九列与第十列为总体差值 95% 置信区间的下限与上限。由于该置信区间不跨零，因此也从另一个侧面证实了上述推断。

表 4-12　　　　　　　　　　独立样本检验

		莱文方差等同性检验		均值等同性 T 检验						
		F 检验	P 值	t 统计量	自由度	P（双尾）	均值差值	标准差差值	差值95%置信区间 下限	上限
净资产收益率	假定等方差	65.365	0.000	20.523	383	0.000	21.67330	1.05605	19.59692	23.74968
	不假定等方差			9.770	54.182	0.000	21.67330	2.21833	17.22617	26.12043

由表 4 - 13 可以看出，企业使命陈述中是否涉及股东关系对于企业净资产收益率的样本平均值有一定的差距。通过方差检验，可以判断这种差异是抽样误差还是系统性的。

表 4 - 13　　　　　　　　　　　组统计

	股东	样本量	均值	标准差	标准差均值
净资产收益率	1.00	311	25.2028	10.76630	0.61050
	0.00	74	23.0614	8.62523	1.00266

表 4 - 14 是企业使命陈述内容中是否涉及股东关系的企业净资产收益率的均值检验结果。分析结论应该通过两步完成：

第一步，两总体方差是否相等的 F 检验。在表 4 - 14 中，该检验结果 F = 0.006，P = 0.938。如果显著性水平 α 为 0.05，由于 P 值为 0.938，大于 0.05，因此可以认为，两个总体的方差无显著性差异。

第二步，两总体均值的检验。在第一步中，由于两个总体的方差无显著性差异，因此对应该表 4 - 14 中的第二行是 T 检验的结果。其中，t = 1.593，P = 0.112（双尾），如果显著性水平 α 为 0.05，由于 P 值为 0.112，大于 0.05，因此可以认为，两个总体的均值无显著性差异，即企业使命陈述内容中是否涉及股东关系的企业净资产收益率的平均值无显著差异。

表 4 - 14 中第九列与第十列为总体差值 95% 置信区间的下限与上限。由于该置信区间跨零，因此也从另一个侧面证实了上述推断。

表 4 - 14　　　　　　　　　　　独立样本检验

		莱文方差等同性检验		均值等同性 T 检验						
		F 检验	P 值	t 统计量	自由度	P（双尾）	均值差值	标准差差值	差值95%置信区间 下限	上限
净资产收益率	假定等方差	0.006	0.938	1.593	383	0.112	2.14148	1.34414	-0.50135	4.78430
	不假定等方差			1.824	132.860	0.070	2.14148	1.17390	-0.18048	4.46343

假设4-1预言：在使命陈述中包括利益相关者问题的企业比那些在使命陈述中忽略了这些问题的企业更有可能在实践中成功地解决这些利益相关者管理问题。因此我们认为，可以在使命陈述中包括有关团体的企业中找到更加重要的利益相关者支持和更加少的利益相关者障碍。我们在假设4-1中发现混合性支持。如表4-1至表4-14中检验数据所示，在大多数的利益相关者或社区问题上，那些在其使命包含相关成员企业的利益相关者评级并没有不同于那些忽略了相关成员的企业。我们发现，在使命陈述中提及股东的企业与那些没有提及股东的企业之间无显著性差异（见表4-13和表4-14）。在使命陈述中提及股东关系的相关优势或相关劣势之间无显著差异。然而，为支持假设4-1，研究结果表明：那些将股东关系与客户关系写入企业使命陈述中的企业的实际结果却很少真正关注股东关系与客户关系（P=0.112，P=0.010，均大于0.005）。本书的研究结果还表明：使命陈述包括环境、员工、社区、管理者与多样性关系的企业比在使命陈述中没有涉及这些关系的企业在利益相关者管理行为的绩效上有显著差异（P=0.000）。然而，在使命陈述中提到股东关系与客户关系的企业与没有提到上述关系的企业在利益相关者管理绩效上的差异不显著。

假设4-3预言：使命陈述包括利益相关者的问题的企业要比那些使命陈述缺少这些问题的企业更不太可能成功地处理利益相关者问题。本书研究结果发现，不能支持假说4-3。也就是表明，在企业使命陈述中说到的与在企业管理实际做到的有较大的差距。

表4-15与表4-16显示了我们对假设4-2的检验结果，使命陈述更有可能被写为"事实之后"的观点是这样描述的，那就是企业在最近做过的某些行为的一种写照或者可能是事后的一种补救措施与一种自我安慰。我们发现，使命陈述中包括客户关系或股东关系的企业与那些使命中不提这些利益相关者的企业之间没有明显差异。不过，我们确实发现，有更多利益相关者管理关系劣势的企业几乎不太可能愿意在他们的使命陈述中强调他们的利益相关者管理关系。

表 4 – 15 描述性统计

	均值	标准差	样本量
净资产收益率	24.7912	10.41309	385
客户	0.9714	0.16682	385
员工	0.3273	0.46983	385
管理者	0.4182	0.49390	385
社区	0.5455	0.49858	385
多样性	0.1922	0.39455	385
环境	0.1403	0.34771	385
股东	0.8078	0.39455	385

表 4 – 16 相关性

		净资产收益率	客户	员工	管理者	社区	多样性	环境	股东
净资产收益率	皮尔逊相关性	1	0.132 **	0.635 **	0.626 **	0.554 **	0.676 **	0.724 **	0.081
	P（双尾）		0.010	0.000	0.000	0.000	0.000	0.000	0.112
	样本量	385	385	385	385	385	385	385	385
客户	皮尔逊相关性	0.132 **	1	– 0.113 *	0.145 **	0.188 **	0.044	0.069	0.154 **
	P（双尾）	0.010		0.027	0.004	0.000	0.388	0.175	0.002
	样本量	385	385	385	385	385	385	385	385
员工	皮尔逊相关性	0.635 **	– 0.113 *	1	0.744 **	0.559 **	0.587 **	0.563 **	0.045
	P（双尾）	0.000	0.027		0.000	0.000	0.000	0.000	0.376
	样本量	385	385	385	385	385	385	385	385
管理者	皮尔逊相关性	0.626 **	0.145 **	0.744 **	1	0.774 **	0.482 **	0.461 **	0.079
	P（双尾）	0.000	0.004	0.000		0.000	0.000	0.000	0.120
	样本量	385	385	385	385	385	385	385	385
社区	皮尔逊相关性	0.554 **	0.188 **	0.559 **	0.774 **	1	0.366 **	0.354 **	0.097
	P（双尾）	0.000	0.000	0.000	0.000		0.000	0.000	0.056
	样本量	385	385	385	385	385	385	385	385
多样性	皮尔逊相关性	0.676 **	0.044	0.587 **	0.482 **	0.366 **	1	0.809 **	0.020
	P（双尾）	0.000	0.388	0.000	0.000	0.000		0.000	0.689
	样本量	385	385	385	385	385	385	385	385

续表

		净资产收益率	客户	员工	管理层	社区	多样性	环境	股东
环境	皮尔逊相关性	0.724 **	0.069	0.563 **	0.461 **	0.354 **	0.809 **	1	-0.012
	P（双尾）	0.000	0.175	0.000	0.000	0.000	0.000		0.818
	样本量	385	385	385	385	385	385	385	385
股东	皮尔逊相关性	0.081	0.154 **	0.045	0.079	0.097	0.020	-0.012	1
	P（双尾）	0.112	0.002	0.376	0.120	0.056	0.689	0.818	
	样本量	385	385	385	385	385	385	385	385

注：＊＊表示在 0.01 的显著性水平下相关性显著（双尾）。＊表示在 0.05 的显著性水平下相关性显著（双尾）。

第四节　分析与结论

作为利益相关者关系管理指示器的使命陈述已经成为企业公开披露其利益相关者管理行为方面的一个简洁性描述信息，它们就像管理者希望企业被其利益相关者感受与理解的那样，使原本简单的关于组织目标与使命的陈述现在包括承诺社会问题（保护环境、鼓励多样性、支持社区）等更多的内容。本书研究表明，在企业使命中通常包括一些基本要素（提及具体的利益相关者群体时）很少可能会对企业决策行动产生重大影响。不过，一些并不包含在惯例文献中的要素（如多样性和环境等社会问题）与企业利益相关者管理行动绩效是显著相关的。

本章研究结果还发现，在使命陈述中包含多样性的企业很少有多样性忧虑。反过来，在使命陈述中忽略多样性问题的企业有更多的多样性关注。由于多样性问题不是企业使命独特的组成部分之一，多样性并不描述产品市场、战略、确定特定利益相关者的优先权，我们认为，多样性是使命陈述的一部分，因为多样性的问题也包括该组织的日常工作与日常运作指示。不久前，具有多样性考虑的企业在接下来的时间里其使命陈述可能会忽视多样性，这种观点已经有了更多的支持者。虽然本书没有与历史数据进行对比分析，企业将多样性写进使命陈述是为了应对从 20 世纪 90 年代开始的各种歧视问题，如 2013 年媒体上曝光的多家合资企业不同工资标准与相关福利问题。这些企业和其他一些企业被迫将包括具体目标，并制定内部监测程序和审计制度等作为解决上述问题具体措施的一部分（邓汉慧，2007）。现在看来，在处理多样性时，积极的利益相关者管理行为似乎是企业使命陈述的一个原因与结果。

本书研究中有一个有趣的发现：相对较少的企业在它们的使命陈述中提到环境，而这些企业包括那些在企业使命陈述中提到过环境的企业在内有更多的环境关系优势。因此，关于环境关系，在使命陈述与企业行为之间有某种联系，而这种关系在中国特色的社会中可能会有更多的内涵与更重要的影响。这里必须要指出一点，在环境优势（按照企业年报或网站提及内容）与使命陈述内容之间，研究发现了一种积极的关系。而在环境劣势与使命陈述内容之间，研究没有发现什么联系。这种现象表明，研究的结论不是与行业有关的。如果在环境不友好行业中的企业更有可能在使命中包括环境，而由于利益相关者环境劣势包括企业运行的行业对环境（如制造企业消耗臭氧的化学品、农药、化肥、煤炭和石油生产企业、公用事业、运输企业、汽车、卡车制造企业等）有消极的影响，那么我们预期在环境劣势与上述环境之间存在显著关系。环境优势只是与当年的使命陈述内容有关系。研究目前还无法确定这种关系是否因为使命陈述被认为是管理决策的指导，或者使命陈述纯粹被作为一个公共关系调遣，但是，通过自动交流（信息沟通）会影响企业管理者与员工关系。

我们发现，那些提到的特定利益相关者团体（客户、员工和股东）与利益相关者管理行动关系不大。在使命陈述中提及利益相关者可能是企业公开承认利益相关者重要性的一种尝试，但本书研究的结果表明，在企业使命陈述中提及的利益相关者对管理决策影响因素不大，他们也未被用于试图粉饰或掩盖消极行为或抵制消极宣传。在股东从法律视角仍然是基本利益相关者的条件下，将股东这类特定利益相关者群体包括在使命陈述内可能是一个公开的友好行为，这类公共姿态很可能是象征性的。由于在众多利益相关者需求和有限资源之间的冲突，许多管理者可能更加喜欢象征性手法（Ashforth and Gibbs，1990）。虽然在使命陈述中提及特定利益相关者团体与组织行为之间的隔绝有一个解释在诱惑我们，那就是作为高层管理者试图说服或者诱骗社会公众去相信该企业是高度利益相关者导向的，萨克曼（Suchman，1995）断言："组织为了欺骗不成熟的观众而不诚实地使用象征手法的观点可能有点像是在透支。有时候，观众其实渴望一个象征性的回应，以便促进其自身的文化或政治目标。"这就意味着当每个利益相关者被包括在使命陈述中时都感觉到更好一点，即使是他们完全意识到列入自己并没有真正发挥作用。

利益相关者群体通常包含在使命陈述中而与企业行为没有任何的关系，这一发现为象征性的、传统的观点增加了支持（Meyer and Rowan，1977），尤其是因为更少的利益相关者问题与企业行为有联系。大部分前期的研究都集中使命陈述的最一般的要素以及集中调查在使命陈述要素与企业绩效之间关系所产生出来的混合性结果，也许这将是更卓有成效地来评判一些更不寻常的使命陈述。一些企业的使命陈述不是紧密遵从规范，这也可能会影响企业财务和社会绩效。如果使命陈述的精准度会导致更好的声誉和改进的企业财务回报，则进一步的研究还是值得的，或者是对企业使命陈述做出某种规范性要求，从而为企业在使命陈述时能够有所参照。

回到最初的问题：企业会在日常经营过程中遵从它们对企业利益相关者做出的某种承诺吗？答案是"有时"。至于本书研究的某些利益相关者，如员工、客户和股东，答案是"没有"，或者是没有"自愿"去履行他们的职责。在使命陈述中涉及利益相关者问题时企业往往会言行不一。这些使命陈述要素在使命陈述中是相当普遍的，这就表明企业的利益相关者在使命陈述中被提及因为某种预期的结果（习以为常的原因）。关于研究调查的多样性和环境两个社会问题，有大量可以接受的原因来解释为什么本书会发现证据来表明：企业"说到做到"。第一，这些所涉及的社会问题并不是有规定要一定涉及的。

如果它们不包括在内，任何人也不会有过失。这表明有一些特殊政策性原因使一些社会问题要被撰写入企业的使命陈述中。第二，由于这些企业业绩地区的各种团体和政府对于企业绩效审议，使企业撰写一些不真实的使命陈述则可能吸引更多的关注。因此，如果企业有内部指引，将在这些领域会反对积极行动，合乎逻辑、可信的做法是"避免谈论"——当它们表现很差时就从不提及这些问题。

本书对于企业使命提出一个新的审视：企业使命陈述与企业管理行为一致（不一致）问题，因此，这在本质上有某种程度上的前瞻性。我们的研究结果表明，一些企业使命陈述的内容是基于制度的压力，另一些则与企业管理行动有关。纵向研究会有助于确定企业使命的修正或修改是否会改变利益相关者管理行动，或者确定企业使命是否对企业管理行为长期影响（正或负）。

本书研究的一个局限是：有一些企业的职能部门会有单独的（额外的）使命陈述，如一些职能部门和职能领域。这些操作层面的使命可能不被视为宣传（或者不会被公布）但可能加强组织使命；也可与组织使命无关，甚至会对抗企业的使命。

最后，在企业利益相关者关系管理问题上，从企业使命陈述内容与其利益相关者管理行为来分析。本书研究发现，在使命陈述中经常提及的一些基本要求可能与企业利益相关者管理绩效没有显著关系，而另一些少有提及的要素反而对企业利益相关者管理绩效有着显著影响。这与巴巴拉和迈伦（Barbara and Myron，2007）的研究结果有较大的差异性。

第五章 影响企业财务绩效的利益相关者概念模型及其有效性

第一节 评估利益相关者关系影响财务绩效的复杂性

随着对企业利益相关者理论研究的深入，越来越多的学者开始探讨利益相关者关系与企业财务绩效之间的关系，尽管要较准确地评估利益相关者关系影响企业财务绩效具有较高的复杂性。这主要体现在以下三个方面：

第一，由于研究不够深入，多数研究者还停留在概念辨析阶段，未能阐述企业利益相关者与企业财务绩效之间的内在机制，从而使现有的研究成果不能在企业财务绩效实践中发挥指导作用。

第二，研究者多通过研究企业社会绩效与财务绩效的关系来研究利益相关者与企业财务绩效之间的关系，而漠视影响企业经营环境的社会性差异，因而有时甚至得出自相矛盾的结论。如 Ruf（2001）、Robertson 和 Choi（2008）、Boesso 和 Michelon（2010）等两者呈正相关关系；而 Freedman（1986）、Husted（2000）、Moneva（2007）等认为，两者呈负相关关系或者无关系。

第三，王怀明（2007）、周佳（2008）借鉴国外的研究方法，以我国上市企业为样本，利用财务数据将企业对其利益相关者承担的社会责任分别进行研究，得出的结论认为，企业财务绩效与企业社会绩效呈正相关关系，而员工的社会责任与企业财务绩效呈负相关关系。

在众多影响企业绩效的因素中，一个非常重要的变量是利益相关者管理行为与利益相关者关系。综观企业发展历史、现状及未来发展趋势，对于现代企业来讲，能够长期生存和繁荣发展的最好途径是考虑其所有重要利益相关者的利益诉求，并努力满足他们的需求。在当今具有丰富信息的社会中，只注重一部分表面上更具影响力的利益相关者如股东和客户，而忽视其他利益相关者需求的做法是一种近乎短视而且非常幼稚的行为。

企业管理者都日益认识到这些问题的重要性。他们了解全球组织管理的复杂性，他们接受这样一种观点：现在保护长期股东利益以及为股东创造价值的就是找到一个使多个利益相关者满意的方法。

例如，宜家家具公司（Ikea）首席执行官安德斯·达赫维格 2000年 9 月这样说："在过去的十年中，世界发生了很大的变化……现在我们所有人都以与十年前不同的方式行动。全球化意味着利益相关者和责任无所不在，这些都不得不去处理，这达到了一种与以往完全不同的复杂层次。"

与此类似，在有些媒体中，引用了壳牌公司（Shell）主席兼首席执行官克里斯·费伊的一段话："单纯根据经济绩效和财富评价企业的日子早就已经过去了。今天，企业对环境、当地社区、对社会都负有更多的责任。这些责任不是可舍弃的附属物，它们不是'蛋糕上的点缀'。"

本书认为，壳牌公司所拥有的更广泛的社会责任构成了企业做事方式中的基本和必要的部分。

诸如此类的言论和观点已经导致了企业绩效标准的诞生。这也说明了一个正在增长的趋势——企业管理者正逐步认识并且接受了这样一个事实：他们所经营管理的企业在 21 世纪扮演着更为广泛的角色，并不仅仅是为了股东价值。

在学术界，很多系统的研究也探讨了企业利益相关者管理行为与企业业绩的关系（Cannella and Monroe, 1997）。有些研究表明，企业利益相关者管理行为对于企业获得高水平的经营业绩是至关重要的（Waldmwn, Ramirez, House and Purannam, 2001）。当然，另外一些学者则认为，企业利益相关者管理行为与企业经营绩效之间并不存在一种必然的因果关系，是企业本身所拥有的技术特点、所处行业的市场结构及特点，以及企业所处社会、政治、经济制度、法律规范等直接影响了企业经营绩效（H. Pfeffer，1977；Annan and Freeman，1984；Meindl，Ehrich and Dukerich，1985）。因此，企业利益相关者管理行为是否对企业经营业绩产生某种影响、企业利益相关者管理行为的哪些方面对企业经营绩效产生影响，以及企业利益相关者管理行为如何影响企业经营绩效等问题目前都还缺少一致的结论。

在国内，企业经营绩效及其影响因素一直是理论研究与企业经营管理实践领域的一个热门话题（于东智，2003；张军、王琪，2004；王辉、忻蓉、徐淑英，2006），引起了众多学者的关注。只不过是，上述关于企业经营绩效的研究多是从企业治理、财务监督等角度进行分析论述的，还缺少从企业利益相关者管理视角对上述一系列问题进行整体研究。有关学者从 20 世纪 80 年代就开始探讨企业利益相关者管理行为及其对企业经营绩效的影响（吕政宝、凌文辁、马超，2010；孙利平、凌文辁、方俐洛，2010）。进入 21 世纪后，社会规范与法律制度以及社会经济环境等诸多影响企业经营绩效的因素都已经发生了巨大的变化。我国企业利益相关者管理行为是否发生了变化，或者发生了影响企业经营绩效的变化，以及这些变化又将如何影响到企业经营绩效等都是值得进行深入探讨的问题。

本章研究的主要目的就是在前面理论分析与实证研究的基础上，探讨中国企业利益相关者管理行为以及这些企业的利益相关者行为又是如何对企业利益相关者关系和企业经营绩效产生影响的，即上述影响的机制是什么。虽然中国传统上是一个关系导向的社会，注重人际关系等（Yang，Yu and Yeh，1989），甚至可以说中国历来就是一个"关系型社会"。然而，随着经济的发展与社会环境的变化，人们的价值观念与行为规范也发生了很大变化，企业的经营管理环境与方式也随之发生了变化。以企业利益相关者管理行为为例，在中国特有的经济体制改革环境中，企业管理者被赋予了更大的经营管理自主性，其具体行为就是表现出对企业的经营管理具有直接的影响作用。尤其重要的是，市场经济体制要求企业不断完善现代企业制度与企业治理制度，引入西方发达国家先进的企业管理制度与企业风险防范机制。在这种复杂的情况下，企业要起到既要关注人情，更要强调法制规范的作用，这是企业利益相关者管理面临的紧迫的现实问题。

第二节 两种典型的概念模型与利益相关者承诺模型

在不断变化的技术、经济、法律、社会和政治环境中，企业必须面对日益强大的利益相关者。在社会经济生活日益网络化、全球化、信息化、放松管制、合并等情况下，外部环境变化加快，不确定性加大，而企业利益相关者甚至社会都必须在这样一个外部环境中开展商业活动，进行管理决策。

由于不同利益相关者对企业存在不同的、多变的利益要求，因此，企业需要对其特定利益相关者采取相应的管理策略，即采取相应的行为，建立并维持相应的利益相关者关系。同时，企业由于资源的稀缺性而决定了它们不能同时完全满足其所有利益相关者可能存在冲突的利益要求，因此，企业必须依据其环境因素及其变化特性对其不同利益相关者采取相应的管理行为，以建立适宜的利益相关者关系，并取得较好的企业绩效。本节就此进行文献梳理，并对我国企业利益相关者与企业财务绩效之间的关系提出相关概念模型。

琼斯和威克斯（1999）在综合前人研究成果的基础上，提出了利益相关者对企业财务绩效影响的基本前提：①企业与众多影响企业决策或被企业决策影响的利益相关者建立关系（Freeman，1984）；②利益相关者关注企业经营过程及其财务绩效；③企业所有利益相关者都有利益诉求（Clarkson，1995；Donaldson and Preston，1995）；④利益相关者关注企业经营决策（Donaldson and Preston，1995）。

他们的研究认为，企业应该经常描述它们与企业利益相关者之间的关系。企业与利益相关者之间的关系是一种既竞争又合作的关系，企业管理理论的声誉模型可以为企业实施有效的利益相关者关系管理，实现企业财务绩效的优化（杨成名，2010；Andrew and Wicks，2010）。研究发现，企业应该选择"合作策略"，彰显良好的企业声誉，有利于建立与维持积极的利益相关者关系。比如说，员工则希望与企业长期合作，以便能够迅速地收回自己的前期专有资产投入，而他们自身却有偷懒的动机；等等。

在国内，针对利益相关者与企业财务绩效之间关系的研究相对较少，而应用模型做实证分析的主要是围绕企业社会绩效来验证国外模型对于国内企业的一些比较分析。更为重要的是，近年来，国内外学者在战略型领导这把大伞下，针对企业管理者如何管理利益相关者关系问题，研究了其对企业经营绩效的影响作用（Peterson，Smith，Martorana and Owners，2003）等。然而，这些研究资料还是停留在战略型利益相关者管理与企业经营绩效之间关系的探讨上，本身就缺乏研究企业利益相关者管理行为如何影响企业经营业绩的动机，即影响机制的研究（王辉、忻蓉、徐淑英，2006）。人们一般只知道企业利益相关者管理与企业经营绩效之间存在一定的联系，但两者之间确实存在一个"黑箱"，人们不知道这一"黑箱"中究竟发生了什么。因此，在"黑箱"加入"企业利益相关者"或者"企业利益相关者关系"这一媒介来研究"黑箱"即可增添企业经营管理的可操作性。

这些研究部分地阐述了企业利益相关者与企业财务绩效存在一定的关系，也为进一步深入研究企业利益相关者与企业财务绩效之间的关系进行了必要的积累。但是，要研究企业利益相关者对企业财务绩效的影响，最大的问题还是缺少理论基础，未能从理论上解释企业的利益相关者对企业财务绩效产生影响的内在机理。因此，在研究这个问题之前，必须要解决利益相关者如何影响企业财务绩效这一传导机制。在分析与企业财务绩效相关的利益相关者时，需要紧密结合企业财务绩效的产生过程来认识企业主要的利益相关者，企业财务绩效的产生过程实质上是一个企业价值创造的过程。从企业价值链或者价值网来分析，企业价值是多个利益相关者共同作用的结果，每一个中间环节都包含着企业不同利益相关者的影响，而这一价值创造过程是非常复杂的。

目前，研究企业利益相关者管理的一个普通观点就是"能够影响企业的经营目标，并被企业经营目标所影响的人群"（Freeman，1984）。根据这一观点，结合本书前面的研究成果，企业主要利益相关者包括股东、债权人、管理者、员工、客户、政府、社区、环境、多样性等。伯曼和威克斯、Kotha 和琼斯（1999）从弗里曼（1984）在企业利益相关者定义的基础上，提出了两种典型的利益相关者管理概念模型[①]，一个是企业利益相关者管理直接效应模型（模型1），另一个是企业利益相关者管理调节模型（模型2）。其模型框架如图5-1和图5-2所示。前者认为，企业管理者在某种程度上关注能够影响企业经营绩效的利益相关者的利益，并提出了两个假设：①企业战略变量和企业利益相关者关系变量会对企业经营绩效产生直接和独立的效应；②企业战略变量对企业经营绩效有直接效应，利益相关者关系变量则对其影响效应是适度的。

在模型1中，企业利益相关者与企业战略变量共同对企业财务绩效起影响作用。他们认为，企业的关键利益相关者有员工、产品安全或质量、多样性、自然环境与社区，而在企业经营管理实践中，企业所要处理的利益相关者管理问题并不仅仅涉及这些利益相关者，甚至它们还不是企业主要的利益相关者。模型中，企业战略与利益相关者是分别对企业财务绩效产生影响的，这一研究框架的有效性将在本书下一节展开研究。

在模型2中，研究者认为，企业利益相关者与企业战略对企业财务绩效产生直接影响，但是，这种影响将被利益相关者变量所调节，这有一定的偏差。比如，在某些情况下，企业的战略变量对企业财务绩效的影响是负面的，而企业的相关战略造成其利益相关者关系也是消极的，这将对企业财务绩效产生放大影响，而忽视了这些变量之间的相互作用（Harris and Wicks，2010）。

---

① 在所有的模型中，假设企业运营环境变量是控制变量。

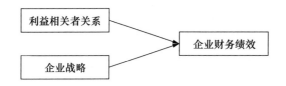

图 5 - 1　企业利益相关者管理直接效应模型

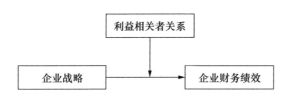

图 5 - 2　企业利益相关者管理调节模型

因此，在此基础上，我们提出了具有交互作用的利益相关者承诺模型（模型 3），在这个模型中，企业利益相关者管理实践会建立并维系其与利益相关者建立的各种程度与类型的关系，这些不能凭空对企业财务绩效产生影响，它们必须通过企业战略管理来施加对企业财务绩效的作用，如图 5 - 3 所示。

图 5 - 3　内在利益相关者承诺模型

在上述模型中，本书重点考察企业主要利益相关者通过企业战略变量对企业财务绩效产生影响。

在本书第三章中，我们通过实证研究与实例分析找出了企业主要利益相关者，他们是股东、员工、客户、政府、债权人、管理者。其中政府对企业的重要性程度最高。从中国证券业监督管理委员会对中国上市企业年报披露要求来看，证监会要求所有境内上市企业在其年报中披露企业利益相关者关系，我们在查阅近 500 份上市企业年报资料之后，发现一个现象，那就是企业年报披露的利益相关者关系与企业战略使命陈述内容有很大程度的关联。更有趣的是，企业在其年报与使命陈述内容中提及的利益相关者关系在企业经营管理实践中，并不是公司做得最好的，有些甚至是企业的弱项。而没有提及的一些利益相关者，如自然环境、社区、多样性反而是部分企业做得相对较好的。因此，为了较准确地检验企业主要利益相关者和企业战略对企业财务绩效的影响，我们在后续的研究中拟对企业部分主要利益相关者进行适当的调整，这也是反映企业经营的经济社会环境变化的要求。根据近几年影响企业经营环境的一些基本变化趋势，本书将在对调查数据进行分析之后确定将企业主要的利益相关者调整为股东、员工、客户、政府、管理者、社区与多样性。

第三节　承诺模型与两种典型模型关于企业财务绩效影响的有效性对比分析

以往的研究工作对利益相关者管理与企业经营绩效的关系进行实证分析的不多，也只是停留在一些概念模型分析上。一般性研究主要集中于采用描述分析、工具分析与规范分析的过程。首先，描述分析的目的是把研究中会用到的概念与我们在经营管理活动中观察到的实践现象达成。其次，工具分析的目的是研究者为了指出企业利益相关者与企业经营绩效之间联系的证据而寻求一种具体的操作方法或分析流程。最后，规范分析适用于我们的研究过程中拟引入的一些基本概念的剖析与探索。而关于企业利益相关者与企业经营绩效关系研究的最外层就是我们前面所提及的描述部分：理论提出和解释在企业经营过程中的环境的影响——外部世界观察到的联系。而前面所涉及的理论性描述的正确性为第二层（我们在企业管理理论研究中通常所指的工具与预测价值）提供支持。理论研究的核心部分就是最后所指的规范分析。理论研究中准确性的描述实际是承认了前面一些规范概念的真实性。因此，我们在研究企业利益相关者与企业经营绩效的关系时建立的综合评判准则最终应该在理论研究中规范性基础上成立。企业利益相关者理论具有明显的管理性质，这些也就构成了我们在研究利益相关者管理哲学时所持的态度、结构与实践。

上述研究构架一直都有人尝试去做。如 Luk 等（2009）不仅深入研究了企业利益相关者管理与企业经营绩效（市场绩效、财务绩效与社会绩效）的关系，而且还进一步研究了企业经营绩效与企业不同利益相关者关系之间的相互作用。他们的研究发现：企业保持与客户、竞争者和员工的有效关系会共同对企业经营绩效有正的影响，而上述三种有效关系能够产生协同效应，也就是说，如果企业忽视其中任何一种关系都会损害企业经营绩效。这样的研究企业利益相关者影响企业财务绩效的方式也不是唯一的。其实，国内也存在研究者把企业利益相关者定义为能够影响企业活动或者被企业活动所影响的人或团体，他们利用企业经营管理案例分析、方差分析和多元回归方程分析等定量的分析方法对调查数据进行实证分析，得出结论认为：利益相关者进入企业董事会与监事会并广泛地参与企业管理，有利于提高企业的经营绩效、利益相关者满意度与企业治理绩效（肖元涛，2004）。还有研究者从企业利益相关者参与和和谐两大部分的利益相关者治理评价指标体系，考察中国上市企业利益相关者参与企业治理和利益相关者和谐程度，得出利益相关者治理指数，并进行实证研究，结果表明，企业利益相关者治理指数对净资产收益率、股本扩张能力、每股收益、主营业务利润率和总资产收益率均有显著的正面影响（唐跃军、李维安，2008）。贺远琼等探讨企业社会绩效与经济绩效之间互为因果的互动关系。一方面好的企业社会绩效通过提高企业的潜在收益、降低企业隐性成本来提高经济绩效；另一方面经济绩效使企业拥有闲散资源来投入社会绩效的领域，从而提高企业社会绩效。另外，企业高层管理者在企业社会绩效与经济绩效的互动关系中扮演了重要的"触发器"和"转换器"作用（贺远琼、田志龙、陈昀，2007）。这些研究通过探索企业利益相关者影响企业财务绩效的方式是试图总结出一些企业利益相关者影响企业财务绩效的特征。

本书前面一节的两个典型概念模型对于企业财务绩效评价的分析框架在国内的验证性研究也比较少。后续章节将首先对这两个概念模型和企业利益相关者承诺模型对于研究企业财务绩效的影响进行比较分析。

一 利益相关者取向管理

在弗里曼（2006）的著作里，他为了检测隐含在利益相关者理论研究文献中的一些基本的观测模型，采用关于利益相关者管理的术语建立了一个有用的框架。弗里曼将利益相关者定义为："那些能够影响一个企业的目的并受一个企业目的影响的群体和个人。"那些被称作利益相关者的群体包括（但不局限于）顾客、供应商、员工、地方社团、政府和股东等。弗里曼的定义表明了一种企业和其利益相关者双向的关系，这种双向关系的每一个部分都代表一种利益相关者管理模型的基础。

第一，如果利益相关者能够影响到企业目标的达成，那么，企业的财务表现也可能会受到他们活动的影响。这层关系从企业角度来看，当企业寻求最大利润的时候（方向1），就表明有一种针对利益相关者的工具性姿态的可能性。

第二，如果利益相关者被企业目标的达成所影响的时候，那么企业的决定会影响到利益相关者的福利；相反，从企业的角度表明了利益相关者承担一种规范的义务的可能性。也就是说，企业管理者可能会感觉到，他们对利益相关者有一种基本的道德义务，这是他们企业管理其利益相关者方法的基础（方向2）。

从这两种方向来看，我们检测企业利益相关者关系的时候是从以企业为核心开始的。因此，就模型1而言，这种企业利益相关者管理的直接效应模型比较直观，而企业利益相关者关系和企业战略变量对于企业财务绩效的影响途径也相对简单一些，只不过因为变量本身的复杂性而难以一下就观测到它们对于企业财务绩效的影响或者变化趋势。同样的道理，模型2其实比模型1的变量作用途径更复杂，要准确地估计这些变量对于企业财务绩效的影响，可能的研究方向是采用路径分析方法或者分层模型分析方法来研究。

二 战略性利益相关者管理：一种工具性方法

企业利益相关者关系（利益相关者行为怎样影响企业）的第一个

要素表明，企业和其利益相关者行为有利害关系。此外，如何对企业运营环境进行谨慎的管理，包括和其利益相关者的关系总体来说是良好管理的一部分，良好的利益相关者管理对企业就有明显的工具性价值。利益相关者管理有工具性价值这一观念构成了弗里曼独创理论的核心。下面的一段话就有体现：

> 我们需要担心企业层次战略，因为一个很简单的事实：企业的生存有一部分依赖企业价值和管理者的相互适应，以及能够决定企业能否卖出产品的因素，诸如企业利益相关者的期望和某些社会问题……这些变化是否是社会需要的或是否是道德赞同的，这是一个重要的问题，但又是一个更深远而关于企业战略的分析却没有涉及的问题。

关于这类模型的基本设想是：企业决策的终极目标就是在市场获得成功。企业将其利益相关者看作经营环境的一部分，它们必须被企业纳入管理体系，从而确保收入和盈利，并最终返还到股东的手中。关注利益相关者的担忧可能会帮助企业避免那些会造成利益相关者阻碍企业目标的决定。这种可能性出现的原因是利益相关者才是掌握着能促进和加强企业决策执行的资源的人群。简单地说，利益相关者管理是达到目标的一种手段。一般而言，这个目标或者最终的结果，可能与利益相关者的福利毫无关系。相反，企业的目标仅是另一个利益相关者群体——股东利益的升级。运用唐纳德森和普雷斯顿（1995）、奎因和琼斯（1995）的术语，我们将企业在利益相关者关系中的利益看作工具性的，而且与这种利益相关者关系对于企业财务成功的价值有关。奎因和琼斯（1995）解释："工具性的（战略）伦理在代管人需遵守的财富最大化原则中扮演的是附加物的作用。"

在下面的构想中，利益相关者管理是企业战略的一部分，但是，绝对不会推动这一个企业的战略。企业和其利益相关者的关系进入其战略性演算中，能够创造出最好预期结果的这种类型关系则是企业所追求的。值得注意的是，尽管弗里曼（1984）没有用"利益相关者理论"这个词，但本章关于利益相关者管理方法的描述和他的"企业的社会责任会提高利润"的观点还是完全可以相容并存的。

这个观点隐藏了这样一种猜想：如果运用利益相关者处理方式后证明是徒劳的，那它就将不会继续下去，那些涉及不再需要的资源也是一样。举个例子来说，一个企业可能会采用全面质量管理作为其加强产品销售策略的一部分，这家企业就会尝试显著地改善它与两个关键的利益相关者的关系，即员工和供应商的关系（Adler，1992）。但是，如果全面质量管理最终没有通过提高产品质量来提高销售量，企业关于改善和员工以及供应商关系的承诺也将会成为一张废纸。同样，一家企业可能会采用职工股票所有权计划（ESOP）来提高员工在企业成功运营中所获得的利益以及他们对企业战略目标的一种承诺。如果预想的结果——改善企业财务绩效的目标没有达成，企业将取消这个计划。

我们之所以把这种源自利益相关者关系的模型叫作战略性利益相关者管理模型，是因为利益相关者的担忧只有对企业有战略价值的时候才会被纳入企业决策过程中。图 5 - 1 生动地描述了一种假定在这个模型之下的利益相关者、企业战略和企业绩效（在运营环境被控制之后）之间的关系。因为我们没有理论方法来预测利益相关者进入企业绩效方程式的准确途径，我们提供了另外两个战略性利益相关者管理模型。两个模型都停留在对管理者追求利益最大化目标假设之上，而不是提升除股东之外的利益相关者合情合理的利益诉求（Freeman，2006）。也就是说，管理者关心的仅仅是为股东利益服务，并将其他利益相关者视为他们达到这一目标的工具。在直接影响模型中，管理者对利益相关者（他们的利益相关者取向）的态度和行动被认为对不受企业战略影响的绩效有着直接的影响。在调节模型中，通过调节战略和企业财务绩效的关系，管理者的利益相关者管理取向对企业战略有影响。

所以，我们第一个综合性命题提出了战略性利益相关者管理模型：管理者致力于利益相关者利益的程度取决于他们对企业财务绩效的影响。

下面是两个特殊的假设：第一个可让我们来检验直接影响模型；第二个可以用来检验调节模型：

假设 5 - 1a：战略变量和利益相关者关系变量将共同对企业财务绩效产生直接和各自的影响。

假设 5 - 1b：战略变量将对企业财务绩效产生直接影响，但这种影响将被利益相关者关系变量所调节。

现在当战略性利益相关者关系管理不再适用的时候，出于规范的、概念的和实践性原因考虑，我们就得转向另外一个源自企业远景的模型。企业远景其实就是企业给予其主要利益相关者的一种承诺，通过这样一种公开的承诺来保障企业主要利益相关者的利益诉求，只不过这种承诺一般在书面上是比较模糊的一个概念，在企业的经营管理实践中到底做得如何、其利益相关者的感知如何等，这些都会影响到企业的主要利益相关者关系。尽管这种承诺比较模糊，在关键时刻也比较乏力，但这也正是我们要研究这个的一个主要原因。本书研究的目的就要让它变得清晰、有力。

根据第二个大概的思路，内部利益相关者承诺模型与利益相关者关系管理都是以规范的、道义上的承诺为基础的，而不是基于利用利益相关者来得到利益的最大化这个唯一目标。简单来说，企业会建立一些用于引导经营管理的基本道德标准——特别是尊重利益相关者——还有用这些标准（企业使命）来推进决策。

这个模型源自两个虽然有联系但是截然不同的商业伦理文献。其中，规范性模型源自企业决策影响利益相关者收益这样一个事实。总的来说，伦理就是当个体或者企业决策影响其他人时所出现的义务；无论究竟是什么促成了伦理决策，那些没考虑会影响其他人的决策常被认为是不道德的。唐纳德森和普雷斯顿（1995）提出，利益相关者利益有内在价值的时候就表明企业管理者对这种关于利益相关者管理观点的影响把握很到位。也就是说，企业利益相关者的一些利益诉求应该成为企业管理哲学（道德）准则的基础，尽管这些准则与利益相关者对企业的某些工具性价值没有多大的关系。任何企业都不能对这些利益诉求置若罔闻，而不仅仅因为它们与企业战略决策无补，甚至还带来麻烦。事实上，这些利益诉求有时会凌驾于企业战略之上，是不受企业战略规划所支配的，而且必须被优先考量，从而成为企业战略的基础。利益相关者利益被认为构成了企业战略本身的基础，在企业的使命陈述内容中，经常会找到这样的信息：我们这个组织是一个需要盈利的企业，那么企业生存的目标又是什么？我们要为企业实现目标做些什么呢？什么样的行为对我们实现企业目标来说才是最重要的？等等。

如果遵从利益相关者取向，企业就应该围绕着对其利益相关者的道德义务来制定并实施其战略。在这一点上，康德哲学的一种态度（Bowie，1994；Evan and Freeman，1983）、女权主义的一种观点（Wicks，Gilhert and Freeman，1994）和公平契约的一种方法（Freeman，1994；Phillips，1997）可以成为道德准则的典型例子，也可以形成利益相关者导向管理的规范性基础。弗里曼和吉尔伯特阐述了这一观点：

> 我们无法将伦理和战略联系起来，除非在我们相信的价值观和伦理观上与体现上述价值观和伦理观的商业实践之间找到交汇点。为了建立伦理战略，避免企业业务流程出事后才变得理性的局面，我们需要结合企业战略决策问这样一个问题："我们代表什么呢？"（弗里曼和吉尔伯特，1988）

本书认为，如果是基于道义原则的规范性模型的另一个起源，将会与这样一个比较有趣的观点相关联，那就是对企业道义所做出的战略认同不仅在概念上是极其错误的，而且在实践中也是非常无效的。

战略上运用的道德标准，这里说的是当根据道德标准来行动能够发挥你的优势时，从定义上讲，一点都没有遵守道德标准。另外，奎因和琼斯（1995）指出，如果企业坚持道德行动的目的仅仅就是为了追名逐利，从而为企业带来可观的经济效益，那么这些企业为什么不选择去直截了当地博取名声，为什么还要绕道来假借一个道德之名呢？当然，在很多情况下，有部分的企业行为和管理道德规范是相符的，但在另一些情况下却可能显得不一致。如果一个人在毫无道德可言的情况下完全是工具性的行动，那道德还能有什么意义？

也有人认为，如果仅仅从实践的角度来分析，企业利益相关者管理即便只是为了追求务实的工具性利益，也只能来源于不计成本（利益）的、对管理哲学（道德）原则的认同，尽管这些概念目前听起来甚至会有些前后矛盾（琼斯，1995）。换句话说，企业与利益相关者之间的信用、诚实和正直是很难伪装的，必须经得住时间的长期磨炼。因此，想要从企业利益相关者管理中获益，企业就必须与利益相关者建立互为认同的道德关系，而不应该存在任何预期利益目标。企业应该战略性地运用管理道德原则，如果并非是真正的道德认同，那也不可能产生企业预期的战略结果。

田志龙、蒋倩（2013）认为，企业愿景作为企业的发展方向的指示器，标志着企业发展的未来图景，也是企业对于利益相关者的一种承诺，这种承诺会影响企业战略与财务绩效。

我们称源自上述观点的利益相关者关系的模型为内在利益相关者承诺模型，因为利益相关者的利益诉求具有真实价值，企业战略决策之前应该优先考虑，它们还是企业战略本身的道德基础。如图 5 - 2 所示的模型生动地描绘了利益相关者关系、企业战略与企业财务绩效之间假设关系。

因此，我们第二个假设就是内在利益相关者承诺模型：

假设 5 - 2：对利益相关者利益的管理承诺将推动企业战略决策，并依次影响企业的财务绩效。

换句话说，战略变量将在利益相关者关系与企业财务绩效之间起关联作用。

第六章　利益相关者关系对企业财务绩效影响的实证分析

第一节　理论回顾与假设

作为利益相关者管理指示器的使命陈述已经成为企业公开披露其利益相关者管理行为方面的一个简洁性描述信息（Bartkus and Glassman，2008），它们就像管理者希望企业被其利益相关者感受与理解的那样，这样会使原本简单的关于组织目标和使命的陈述现在包括承诺社会问题（保护环境、鼓励多样性、支持社区）等更多的内容。本书研究表明，在企业使命中，通常包括一些基本要素（提及具体的利益相关者群体时）很少会对企业决策行动产生重大影响。不过，一些并不包含在惯例文献中的要素（如多样性和环境等社会问题）与企业利益相关者管理行动绩效是显著相关的。

弗里曼（1984）提出一个有说服力的情形，那就是系统的对于利益相关者管理关注的是企业成功的关键，尽管这是一个在文献中尚未得到证实的断言。虽然弗里曼的早期工作介绍了利益相关者有关研究的一些重要主题，但唐纳森和普雷斯顿（Donaldson and Preston，1995）的研究成果已经将许多最近的研究文献建立了一个框架协议，并提出一些为什么几乎没有认真的实证分析来尝试研究利益相关者管理的理由。他们关于利益相关者理论类型的分类（规范性、工具性和描述性或经验性）已要求后续研究者在他们考虑利益相关者关系时对其专业术语的工作变得更精确、更加思想一致。唐纳森和普雷斯顿

（1995）建议的规范性领域涉及管理者应如何处理企业利益相关者问题是最重要的利益相关者理论。毫不奇怪，在学术研究和管理实践领域出现了相当多的（包括企业应该建立适当的利益相关者关系在内）规范性原则的讨论（Collins and Porras，1994；Freeman，1994；Paine，1994）。相比之下，在工具性领域里，很少有理论被创新，如果管理者以某种方式对待利益相关者，这关系到会发生些什么；或者在描述性或经验性的理论领域里实际上它会涉及管理者如何处理与利益相关者的关系。因此，在各种层次上有一些概念协议，管理者应该积极处理利益相关者的利益，但是，涉及要确定哪些利益相关者的利益需要照顾、什么样的管理者去解决这些问题等情形时却没有人去做了。因此，希望进行利益相关者管理实证研究者除从大体上定义利益相关者的相关行为模型之外很少去做深入研究。

　　本章的研究试图通过比较两种最常用的关于利益相关者管理实践（隐性模型）效果描述的准确性来着手这方面的实证研究工作。在第一种模型中，也就是我们称之为战略利益相关者管理模型中，对利益相关者团体管理关注的类型与范围程度的感知能力被认定为改善企业绩效的独一无二的因素。在第二种模型中，即内在利益相关者承诺模型中，企业被视为具有规范性（道德）承诺以积极的方式来对待利益相关者，这一承诺用于塑造企业战略和影响企业绩效。

　　要比较两个模型的准确性程度，提出了两个观点，每个模型一个观点，并运用本书前期调查所得到的数据对它们进行测试。格拉维斯和瓦多克（Graves and Waddock，1994，1997）用 KLD 数据来代替企业社会绩效数据。格拉维斯和瓦多克（1994）将企业社会绩效八个领域的数据浓缩成单一指标来记录与评估在因变量与企业在不同行业、企业规模、盈利能力与经营杠杆等自变量之间的关系。结果非常复杂，他们发现，在 KLD 标准与持有某家企业股票的机构之间有某种利益关系。但是，他们在机构持有股票的比率与 KLD 等级之间发现没有关系。在类似的研究中，格拉维斯和瓦多克（1997）在 KLD 评级与企业的财务业绩的评估中发现了某种关系（再次用单一的指标来计算）。为试图确定一种因果关系，他们发现，前一年的 KLD 比率与资产回报率（ROA）、股东权益率（ROE）和销售利润率（ROS）之间呈正相关关系，但反向因果关系没有得到支持。但是，一直也没有前人试图在包括企业战略和控制企业经营环境方面割裂利益相关者关系对于企业财务绩效的影响作用。

本书试图在三个重要方面更好地接近并理解利益相关者问题。首先，本书在对利益相关者概念（显性和隐性的）进行大量推理之后提出一个经验模型。其次，本书利用纵向数据对理论模型开始测试。最后，本书合并了来自包括模型中的企业战略估计和运作环境两个方面战略管理文献的重要变量。

此外，还收集了一些可以用于未来研究的资料，依据这些成果可以建立更精致的利益相关者模型。这些工作对于理论研究者和管理者都具有重要意义。解决这些问题将允许研究者为各种利益相关者关系实践者可能面临的问题提供具体操作建议。

在这种探索性研究中，两个理论模型与接下来我们能够描述的并做了相应讨论的数学模型之间的联系如下：我们有理由相信，企业在处理本书前面描述的各种利益相关者关系时会采取的相应取向——对待企业的员工待遇、自然环境、多样性、客户或产品问题、社区、股东与管理者关系——将影响其财务表现。我们也有两个源自利益相关者文献资料的利益相关者取向的理论构想：战略性利益相关者管理和内部利益相关者承诺构想，来描述企业如何处理这些利益相关者及可能对企业财务绩效的后续影响。我们采用的方法是实地调查以及取得这两种模型的最适合的数据。如果在两个理论模型之中的某一个模型中发现企业关键利益相关者变量被企业视为他们的主要目标的工具性特征在统计检验中是显著的，实证研究结果也会支持战略性利益相关者管理概念模型。在这个概念模型中，如果利益相关者的利益诉求被视为优于其他战略性关注的特征在统计检验中是显著的，实证研究结果会支持内在利益相关者承诺模型。

一　主要利益相关者管理与企业战略

在本书描述研究中测试的模型之前，本书讨论主要利益相关者关系在企业决策过程中可能扮演的角色。作为基本理论模型的讨论将在后续的内容中解释下述关系：企业战略中的利益相关者关系、财务业绩取决于哪个验证的模型等。本书将专注于对于企业运行非常重要的七个主要领域的利益相关者：员工、环境、多样性、客户、社区、管理者与股东。我们简要地回顾相关文献来讨论企业每一个利益相关者关系以及可能会如何影响企业的财务表现，并进一步讨论如何使企业战略概念化。这里提出的概念模型主要是研究利益相关者关系、企业战略和企业财务表现之间的关系。

二　主要利益相关者管理

（一）员工

一系列企业管理理论研究和一些企业经营管理决策的经验证据表明，一个企业如何管理其员工会影响企业经营绩效（Delery and Doty，1996；Huselid，1995；Youndt，Snell，Dean and Lepak，1996）。事实上，最近研究成果明确定位人力资源（HR）为企业维持与增强竞争优势的极有价值的重要资源（Huselid，1995）。一般来说，这种优势是通过提高效率或区别性的收入增长来获取的（Becker and Gerhart，1996）。更为明确的主张包括人力资源实践的潜力，以降低员工在不同企业之间的流动率与同一家企业工作的缺勤率，提高生产效率，从而进一步提高工作人员的组织承诺和成就感。还有证据表明，结合适当设计和集成人力资源实务对于超越特定个人的主动性去完成任务将产生积极作用。虽然还有证据表明，可能有一个"最佳"人力资源配置可以造福于所有企业、一些很好的理论依据（Becker and Gerhart，1996；Delaney and Huselid，1996；Youndt et al.，1996）和一些经验证据也建议企业战略与人力资源配合，这对增进企业的财务表现具有重要意义（Youndt et al.，1996）。

（二）自然环境

一些不同的辩论已经推进到这样的内容：为什么对自然环境的关注会提高企业的财务业绩。

第一，已有的积极环境政策可以降低遵从现在和未来环境规章的费用（Dechant，Altman，Downing and Keeney，1994；Hart，1995；Shrivastava，1995）。

第二，环境响应可以提高企业效率，降低运营成本（Shrivastava，1995）。

第三，企业可以生产有特色的环保型产品来吸引客户，为企业创造竞争优势（Shrivastava，1995）。

第四，推行积极环境政策不仅避免了部分关键利益相关者的消极反应而带来成本，而且还可以改善企业形象，提高像客户、员工和政府这一些关键利益相关者的忠诚度（Dechant et al.，1994；Hart，1995；Shrivastava，1995）。

（三）多样性

虽然一个多样性的劳动力雇用方式对于企业财务业绩产生积极影响的理由并不充分，甚至还缺乏显著性实践检验，但许多有力的论据已经是比较超前的了。缺乏多样性可能导致更多心怀不满的员工的离职和旷工（Robinson and Dechant，1997；Thomas and Ely，1996）。多样性可以提高一个企业从人力资源市场吸引最优秀人才的能力，而不分种族、民族或性别（Robinson and Dechant，1997；Thomas and Ely，1996）。也有人认为，员工多样性的企业因为涉及广泛的客户基础，提高了其在高度多元化的全球市场上的竞争能力（Robinson and Dechant，1997；Thomas and Ely，1996）。总之，多元化的员工队伍可以为企业节省成本，提高其生产能力，扩大其市场。

（四）客户

大量的研究已经引领人们评估企业客户关系对于其财务业绩的影响。然而，本章研究主要是评估不负责任的（或非法的）企业活动的影响。弗里曼（1997）指出，从评估企业不负责任与非法行为的市场反应的事件研究得到的证据是相当明确的：从事这种活动会减少企业的市场价值。对于在特定情况下产品召回反应的调查研究总会发现，市场反应极其消极，除非那些事件是在汽车行业发生（Bromiley and Marcus，1989；Davidson and Worrell，1988；Hoffer，Pruitt and Reilly，1988）。当然，即便是汽车行业，也有业内人士指出，为长远声誉和品牌忠诚度考虑，汽车企业更应该严格遵守安全标准。目前，国内汽车产品很多，消费者的选择余地越来越大，品牌忠诚度正逐渐成为一个汽车企业能否实现持续发展的一个重要因素。这些结果表明，无论是通过诉讼、减少购买量，或两者兼而有之，投资者都期望客户对于召回宣告做出行动来回应以便直接影响其投资收益率。我们也还有理由期待一个积极的客户关系。例如，关于产品质量和安全方面的、积极的客户关系可能会导致增加销售或降低与利益相关者关系相关的成本（Waddock and Graves，1997）。

（五）社区

社区对企业财务绩效关系的影响不太明显。阿尔特曼（1998）、瓦多克和博伊尔（Waddock and Boyle，1995）认为，企业为了适应更广泛的战略计划，就应该重新调整企业社区关系。阿尔特曼在同时进行的企业高层管理者和社区关系主任采访中发现，许多企业的高层管理者认为，企业社区的参与是企业的当务之急，而且往往会形成企业竞争优势（1998）。这种支撑性研究是基于案例分析的结果，然而，涉及社区对企业财务绩效影响的更广泛的研究仅局限于企业的慈善活动（Wood and Jones，1995）。虽然有加伯尔（Gabor）这样的工作（1991）来详细设计柯达公司振兴罗切斯特（美国纽约州西北部城市，邻近安大略湖）为光学制造中心的承诺，并且强调社会关系对于一些企业战略的重要性，正常情况下，这种结论是有争议的。其他研究者认为，良好的社区关系能帮助企业通过税收优惠，降低监管负担，并在当地劳动力质量的提高方面等获得竞争优势（Waddock and Graves，1997）。

（六）股东

股东价值观的支持者所依据的理论也许同商业一样历史悠久。米尔顿·弗里德曼（Milton Friedman，2003）曾说："企业的一个责任，而且是唯一的一个社会责任……那就是增加其利润，只要企业遵守游戏规则。"我们在这里要强调的是，本书依旧将股东关系纳入企业利益相关者关系进行管理，并不是要回到以往的那种"股东利益至上"的境界，只不过是声明在任何时候忽视或损害企业股东合法权益都将损害包括企业股东在内的其他利益相关者的利益。股东关系尤其是大股东的关系会具体涉及企业的长期发展战略是否得到股东的理解与支持、股东与企业是否有机会主义行为、企业是否存在"内部人控制行为"或职业经理人是否有欺诈意图等。企业管理者再也不能单方面强调某利益相关者的利益要求，股东关心的主要是他们的投资回报，但更关注投资回报的稳定性（Freeman，2006）。

（七）管理者

管理者的角色被定义为企业为所有利益相关者服务的人以及守护企业的发展方向和价值观的人。有关企业管理者的文献很多，包括各种模式与比喻。从巴纳德（Barnard，1938）关于"接受区"的观点到管理者必须向员工灌输一种道德目标，再到更加现代而不那么戏剧化的情绪安定因素、期望值、途径与目标的表述，大量的研究试图弄清楚人们在被要求去领导而不是服从的情况下的反应。管理者关系主要是指企业高层管理者是否得到企业股东或董事会的理解、信任、支持与有效激励，包括在企业战略的选择与实施过程中的一些涉及各利益相关者的行为。管理者实际上就是企业利益相关者的"受托人"。

前面的研究表明，我们讨论的七个利益相关者关系的管理行为可能会影响企业财务绩效。研究还提供了许多现存的、假想的理由，关于为什么某种力量会期望一个既定的管理办法来积极或消极地影响企业财务绩效。现在我们来确定企业战略，讨论战略是如何运作的。

三　企业战略

为了捕捉企业的战略方向，我们采用了汉布里克（Hambrick，1983）对战略构想的操作定义来构造。我们采用他的方法是因为他的方法是基于一个被广泛认可的理论基础（Porter，1980）。汉布里克按照企业战略可以被精确表达的标准选用了四种测量方法，包括成本效率、资产节约、差异化和规模或范围。

成本效率测量评估单位产出成本高低，而资产节约强调单位产出占用资产的多少，这些方法一起运用就能掌握企业的成本定位。大致来说，成本效率法在那些生产率高与效益好的大企业中适用。在某种程度上，企业成功地降低单位产出成本，会增加毛利润，在其他条件不变时，企业盈利会增加（Miller，1987）。资产密度是资产节约的一个重要手段，它被证实是一个至关重要的战略选择（Capon，Farley and Hoenig, 1990；Gale，1980）。同时，资本密度常被认为和直接成本成反比（Porter，1980）。此外，稳定的净资产收益率（ROE）是大多数企业的假定目标，而不仅仅只是利润（Hambrick，1983）。在某种程度上说，成本效率和资产节约两种方法在折旧涵盖全部成本的时候是有部分重叠的（Hambrick，1983）。还有，那就是因为成本效率和资产节约法在不同行业中的影响存在差别，两者都可能会准确找到企业关于降低成本的方法。

汉布里克探讨差异化方法时指出，它能大概掌握一家企业将自己与使用不同营销策略和市场相关活动的竞争对手区分开来所做出的努力。它涉及一种产品和它被看作独一无二的增加程度。保证这个战略成功的关键是企业能不能将价格定在市场价格以上，这种情况是可能的，尤其是在顾客感觉这个产品在某些方面很特别的时候，这种操纵溢价的能力可以带来较高的利润（Kotba and Vadlamani，1995；Porter，1980）。最后，规模或范围法可以测量企业在本行业相对的规模和活动范围。而差异化法则可能基于规模或范围法。例如，在一个很小的市场范围内，企业也可以根据买方类型、产品类型、地理或其他因素进行战略竞争（Hambrick，1983；Mintzberg，1988）。

当提到企业战略时，我们就是在讨论战略资源的分配决策，比如说，资金和劳动力（资本密度）的结合，而不是更宽泛的战略类型，正如波特（1980）提出的那样。以前面讨论的七种利益相关者关系和怎样将企业战略概念化为基础，下面开始描述隐含在利益相关者文献中的两种利益相关者定位的模型。

第二节　研究方法

一　样本与数据

我们研究最初的样本是 CCER 数据库中 2013 年沪深两市上市企业净资产收益率（ROE）排名前 100 位的企业。之所以选择这些企业，是因为它们涵盖了中国经济很大一部分产出，尤其是经历中国

（全球）经济发展的一个重要时间窗口。这些企业的数据分别为
2009—2013 年收集。

由于部分企业发生资产重组或者在整个交易时间内没有公开交
易，我们发现，在 100 家企业中，有较完整的数据的企业只有 80 家。
这些企业构成了我们研究的 80 家企业的纵向数据集。我们收集了每
家企业五年的数据，总样本的大小为 400。

企业利益相关者关系数据、战略与财务绩效数据均来自上市企业
年度报告及相关公开披露的信息（新浪财经网上市企业年报资料：ht-
tp：//finance. sina. com. cn/stock/ssgsnb2013/；CCER 数据库：ht-
tp：//www. ccerdata. com/ccerdata/login. aspx）。捕捉企业经营环境变
量的数据来自政府按年统计调查数据，这些数据源都是从中国国家统
计局（NBSC）网站上找到的电子文档格式的数据，部分数据经过整
理后得到（http：//www. stats. gov. cn/tjgb/）。

二　测量

（一）自变量：利益相关者关系

从样本企业网站与相关信息披露中得到的大量关于企业使命陈述
的资料，经过整理后，基本上涵盖了企业利益相关者关系，进一步分
析整理后，可以提供企业利益相关者关系等级数据资料。为了评估样
本企业利益相关者关系的等级，我们的研究重点一直放在员工关系、
多样性、社区、自然环境、管理者、客户（产品安全与质量）和股东
七个利益相关者上。

在利益相关者关系等级的数据整理中，对企业七个利益相关者管
理行为采用五级李克特量表来衡量：-2 表明企业对利益相关者采取
了消极行动，+2 表明企业对利益相关者采取了积极行动，-1 表明
企业对利益相关者采取了较消极行动，+1 表明企业对利益相关者采
取了较积极行动，0 表明企业对利益相关者采取的行动是中性的。在
这里，利益相关者关系的测量只是通过积极与消极两种状态来衡
量的。

（二）自变量：企业战略

为了使企业能够摆脱企业战略决策对绩效产生的影响，我们运用

汉布里克（1983）对战略概念的测量方法。正如前面所说的，我们采用汉布里克的方法是因为它精确地把握了波特（1980）提出的分类属性即成本领先和差异化战略。

从企业成本领先战略来说，我们运用成本效率和资产节约测评法。成本效率测量的是产品销售成本占总销售额的比例，稍小的值意味着企业有更高的运营效率，所以，我们会预计成本效率与净资产收益率（ROE）成反比关系。我们用资本密度和资本支出两个变量来测量资产节约程度（Gale，1980；Kotha and Nair，1995；Mac Millan，Hambrick and Day，1982）。资本密度是指一年内企业总资产除以所有企业员工数；资本支出是指一年内企业净资本支出除以该年的销售额。资本密度要除以100，而资本支出要乘以100，所以，这两个变量的平均值是大致相同的。

差异化一般测量销售和管理支出之和占总销售额的比例。这个测量即销售密度，可以得出一个企业为了同其竞争对手区分在市场营销和与销售相关的行动上的意愿。

（三）控制变量

当企业绩效成为因变量时，运营环境就成为一个重要的因素（Jauch and Kraft，1986）。而且，衡量一家企业的战略应该取决于预测目标：如果希望预测结果，凭感知来测量是不够的，因为结果是受多种因素影响的，有些是不受企业控制的。所以，采用企业运营环境的目标测量作为控制变量来研究它们对企业财务绩效的影响，并与企业运营情况隔离开。根据德斯和比尔德（Dess and Beard，1984）、博伊德（1990）以及在组织理论领域其他人的研究，我们在行业层面测评运营环境。

我们用于企业经营环境的组织理论概念具有环境不确定性，导致环境不确定性的结构情况包括宽裕度、实力和活力（Dess and Beard，1984）。我们用博伊德（1990）的研究来测量这三个概念。宽裕度是2001—2013年行业总的销售额的回归系数（率）。我们收集了样本企业这9年间产业销售的系数将这一变量标准化，为了使计算上具有较大的对比性，我们在选择产业时只认定属于同一个一类代码的样本企业简单地属于同一产业，这样，降低了数据处理工作的难度，我们猜想也许可能会影响模型的精度，下面其他两个变量的处理亦然。至于活力，我们用来计算宽裕度的回归标准误差，用2001—2013年产业销售额的平均数来除这个值。最后，实力是采用4个企业的集中度来测量，计算出某行业4个顶级企业总的销售额占整个产业销售额的比例。每个经营环境变量都是为四位数的《证监会行业分类代码》，呈现在我们的数据中。

（四）因变量

对于企业财务绩效的测量，本书采用净资产回报率（ROE）来定义，没有采用总资产收益率（ROA）是因为从众多研究文献与企业管理实践操作来分析，普遍认为，前者比后者更稳定地测量企业财务绩效（我国上市企业年报中一般也只公告 ROE），对于负债率较高的企业来说，ROA 的评判可能更为重要。① 一般来说，ROE 水平在15%或以上，并能保持持续稳定增长的企业就可以初步认定为值得长期投资的企业，并可以据此推断该企业有积极的稳定的利益相关者关系。

三　回归模型

我们用下面的回归模型来估算独立变量（利益相关者关系、战略和经营环境）对企业财务绩效的影响。

$$Y_{it} = a'C + b'_1 Env_{it} + b'_2 St_{it} + b'_3 StR_{it} + e_{it}$$

式中，下标 i 表示样本企业（$i=1, \cdots, 176$），t 表示时期（$t=1$ [2009]，$\cdots$，5 [2013]）。Y_{it} 表示企业第 t 年的财务绩效，C 是一个常量，Env_{it} 表示经营环境向量，St_{it} 表示战略变量向量，StR_{it} 表示利益相关者关系变量向量，e_{it} 表示样本误差项。

为了分析这些数据，我们采用了混合时间序列模型。在这样的模

---

① ROA、ROE 两个财务指标都可以用来衡量企业对投入资金的运作回报能力。ROE 仅反映由股东投入的资金所产生的利润率，而 ROA 反映股东与债权力共同投入的资金所产生的利润率，其根本区别在于对债权与财务杠杆的看法。想要真正了解一家企业的真实运营能力，应当结合 ROE 与 ROA 两个指标一起分析。比如，如果某企业的 ROA 水平不错，其负债水平也在合理的范围内，那么这家企业的 ROE 水平相信应该也不错，说明企业整体运作良好。相反，如果一家企业的 ROA 水平很低，负债也较多，而 ROE 水平却很高的话，容易误导投资者对这样的企业盈利能力的判断。

型里，误差项将会随时间（自相关）和分类排列的单位（异方差）而修正。在异方差和自相关的情况下，普通最小平方差（OLS，最小二乘法）对回归系数的估算是无偏差且始终一致的。很明显，这些是理想的特性。使用最小二乘法的问题在于回归系数的估算变量。基本目标是找到对方差协方差矩阵估算的一致性。卡普坦（Kaptein，2004）展示了这样的一致性估算可以在将原始数据集受制于双转化中找到。

我们采用 Kmenta 的双转化方法，通过在 LIMDEP 中运用一时间序列截面数据程序来修正异方差和自相关问题，在这个问题里，系数向量被假设为对所有企业、群体异方差、交叉相关、群内自相关都不随着时间变化。

在控制企业经营环境之后，我们使用整理后得到的利益相关者关系变量和战略变量来检测之前在理论假设部分出现的两个利益相关者取向模型的有效性。在检测过程中，出现了一个基本的理论问题：我们应该期待利益相关者关系影响到之前定义的企业战略变量吗？我们相信它们会，因为当企业试图在市场中成功竞争时，我们对企业战略的测量捕获由企业决策分配的一般性战略资源（Hambrick，1983；Porter，1980）。这项研究中的战略变量如成本效率、资本密度、成本支出、销售密度已被证明对企业财务绩效的影响与以前的研究成果相一致（Capon et al.，1990）。前三个变量捕获企业基本成本状况，而销售密度则抓住了企业（市场）在其竞争对手面前的差异化状况。

此前，我们注意到弗里曼（1984）提出过一个有说服力的例子，就是系统的对于利益相关者利益管理关注的是企业成功的关键。但是，转化系统的管理关注行动会涉及企业战略资源分配决策要做必要的修改。换言之，这些行动在我们用来衡量企业战略资源的分配过程中应该体现出自身的价值。例如，积极环境问题态度可以降低当前和未来遵从环保法规的成本（Dechant et al.，1994；Hart，1995）。此外，环境反应可以提高企业效率，降低经营成本（Shrivastava，1995）。总之，这些行动会改善企业的整体成本势态。

　　大幅改善经营成本的时候肯定会有新的建筑物和设施投入。这种改进可能还需要重新设计生产系统，采用更为清洁的技术和更为高效的生产技术等手段来减少对环境的影响（Shrivastava，1995）。此外，在企业改善生态和健康状况的过程中，企业改善可能需要更多的预防性维护，为员工提供更安全的工作条件。一般情况下，这种行动往往会增加运营成本。然而，这些行动的总体影响将反映在企业已实现的成本效率和资产节约测量值上（资本密集度和成本支出）。

　　我们还注意到，企业可能会创造差异化的、环保型产品来吸引客户以创造竞争优势。Shrivastava（1995）强调：修订计划的概念可以作为企业实现这一目标的设计理念。拆卸设计的产品具有最大的使用寿命，而且易于拆卸和回收。它们是环保型的，即最大限度地在产品形式与再生材料形式上发挥效用。为了从这些活动中受益，企业要有效地传达环保型方法的信息给其相关的客户群体，这些企业可以通过市场营销和广告活动等区别于其竞争对手的做法来实现。因此，这是一种合理的预期，这种类型的行动将在与市场营销和销售成本有关的战略配置决策中反映出来。

　　我们承认，在利益相关者态度和战略资源配置决策之间的复杂关系对其他解释是开放的。通过致力于资本密集和资本性支出，企业可能会投资于自动化生产设备来取代工人，这不是通常采用的对工人的相关立场。同样，企业可能增加资本支出来增加生产能力，而根本就没有关注企业产能提高会对自然环境产生影响。然而，在上述各种情形下，对相关变量评价将可能非常差，是战略变量和利益相关者关系变量之间的大量相互作用使我们在这里进行实证研究变得很有必要。

　　利益相关者导向模型有助于解释利益相关者关系和战略变量之间的互动作用。我们测试了上述互动的因果关系，看看哪种模型能更好地解释我们的分析数据，然后可以满足关于管理决策相关的更广泛要求。例如，如果数据最适合战略性利益相关者管理模型，那么我们就会推断，这是与利润有关的指令来让企业管理者确定对一个给定的利益相关者如何关注及给予什么程度的关注（如自然环境）。如果数据更好地拟合内在利益相关者承诺模型，那么我们就有理由相信，一个持续的道义承诺或利益相关者驱动的战略决策对企业财务绩效具有最终影响。

用于测试内含在利益相关者理论中的调解型和缓和型关系的方法学技术已经确立了。但是，为了探讨资源分配决策和利益相关者之间的确切关系，我们还需要分析更多的信息，比如管理意向**数据**。

要检验前面的三个假设，有必要评价四种不同的回归模型。在所有模型中，我们用前面已经解释的宽裕度、实力和活力指标来控制经营环境。检验假设 5 - 1a 与直接影响模型是相对比较简单。所有相关战略和利益相关者关系变量作为独立的变量同时输入模型。如果关于企业的财务业绩两组变量显著相关，该假说 5 - 1a 将得到**支持**。检验假设 5 - 1b 与自我调节模型也是同样清晰的，这个检验需要**纳入所有**在回归方程中的利益相关者关系变量和战略变量的相互作用。如果这种模型表现出了改善上统计显著性，包括仅仅是直接影**响上的改善**，那缓和模型就会将得到支持。

假设 5 - 2：自我调节模型用巴伦和肯尼（Baron and Kenny，1986）概述的方法进行了检验，检验要求至少对两个回归**方程**模型进行评价，其中一个只包含利益相关者变量，另一个包括利益相关者关系变量和战略变量。如果战略调节了利益相关者与企业财务绩效之间的关系，那么当战略变量被引入回归方程后，利益相关者关系变量的作用将会被抑制。换句话说，如果当调节变量（在此是指战略变量）包含在回归方程中时，利益相关者关系变量对于企业绩效没有影响，完整的调节将是有效的。如果这被证明属实，那么与利益相关者关系变量和战略变量相关的第三个模型就必须要进行检验，以便确定企业战略在利益相关者关系变量与财务绩效关系上的调节方向。

第三节　数据分析

表 6 - 1 和表 6 - 2 提供了战略、利益相关者关系、经营绩效和控

制变量的描述性统计。在检查方差膨胀因子后，我们发现，在数据中没有多重共线性问题。因为这些因素的观测值从未超过 10 这个临界极限值（Neter，Wasserman and Kutner，1989）。

表 6 - 1 样本描述性统计结果

变量	均值	标准差	VIF
ROE	21.6124	11.12902	—
实力	0.0208	0.01165	1.045
活力	0.5499	0.46713	1.023
宽裕度	0.0823	0.04098	1.419
成本效率	1.3047	2.81056	1.057
销售密度	31.0767	18.43687	1.455
资本密度	8881294.1462	42386334.82733	1.397
资本支出	- 5343514.0567	1.07407 + E8	1.408
员工	0.2816	1.05500	1.037
股东	- 0.3217	0.89298	1.036
管理者	0.5923	0.88388	1.021
社区	0.8873	0.81409	1.060
自然环境	- 0.1987	0.51173	1.027
客户	- 0.3942	0.93262	1.026
多样性	0.8266	0.45090	1.030

表 6 - 3、表 6 - 7 和表 6 - 8 提供了各种回归模型的结果。

表 6 - 3 报告的是检验假设 5 - 1a 的模型，它认为，利益相关者关系和战略对企业财务绩效有直接、独立的影响。

模型 1 是一个受限制的模型，包括控制变量和战略变量。模型 2 是一个完整的模型，包括控制变量、利益相关者关系变量和战略变量。模型 2 并不是代表模型 1 显著改善（$R_7^2 = 0.409$）；但是，在 7 个利益相关者关系中，有 6 个是相对显著的：员工、股东、管理者、客户、自然环境和多样性测量值。因此，我们估评包括这 6 个利益相关者关系变量的第三个模型。这个模型，也就是模型 3，比模型 1 有显著性改善（$R_{13}^2 = 0.429$），也就是说，节俭模型稍有改善。

表 6-2　　企业绩效、环境变量、战略变量与利益相关者关系变量相关系数 (N=400)

变量	1	2	3	4	5	6	7	8	9	10	11	12	13	14
ROE														
实力	0.031													
活力	-0.085	0.011												
宽裕度	-0.021	0.013	0.020											
成本效率	-0.378**	0.099*	0.028	-0.033										
销售密度	0.065	-0.047	-0.035	0.531**	-0.032									
资本密度	-0.060	0.108*	0.019	0.024	0.022	-0.044								
资本支出	0.108*	-0.082	0.034	0.036	-0.120*	0.003	-0.510**							
员工	-0.100*	-0.109*	-0.025	-0.014	-0.005	-0.013	0.046	-0.020						
股东	0.022	0.000	0.082	0.016	0.125*	0.016	-0.031	0.052	-0.035					
管理者	0.043	0.004	-0.044	-0.030	-0.037	-0.077	-0.021	0.056	0.046	-0.024				
社区	0.037	-0.029	-0.018	-0.027	-0.058	-0.114*	-0.060	-0.037	-0.115*	0.042	0.024			
自然环境	-0.005	0.022	-0.061	-0.002	0.057	-0.059	-0.012	0.001	0.049	-0.040	0.011	-0.017		
客户	0.010	0.048	0.014	-0.013	0.030	-0.014	0.067	-0.060	0.009	-0.051	-0.029	-0.031	0.072	
多样性	0.039	0.046	-0.048	0.032	-0.014	0.028	0.022	-0.017	0.001	-0.005	0.063	0.077	-0.056	0.088

注: ** 表示在 0.05 的显著性水平下显著 (双尾); * 表示在 0.01 的显著性水平下显著 (双尾)。

表6-3　　　　对于企业绩效的回归结果：检验直接效应模型

变量	模型1：战略与环境	模型2：完全模型	模型3：节俭模型
常量	23.041（1.647）	23.306（2.087）	23.456（1.975）
实力	78.974（44.581）	66.839（44.966）	66.413（44.871）
活力	-1.723（1.102）	-1.815（1.109）	-1.820（1.108）
宽裕度	-23.972（14.868）	-24.905（14.891）	-24.737（14.854）
成本效率	-1.489（0.185）	-1.523（0.187）	-1.526（0.187）
销售密度	0.060（0.033）	0.062（0.034）	0.061（0.033）
资本密度	$-5.292E-9$（0.000）	$-3.793E-9$（0.000）	$-4.107E-9$（0.000）
资本支出	$6.708E-9$（0.000）	$6.299E-9$（0.000）	$6.175E-9$（0.000）
员工		-0.985（0.104）	-0.998（0.490）
股东		0.892（0.134）	0.899（0.582）
管理者		0.397（0.123）	0.399（0.585）
社区		0.146（0.152）	
自然环境		0.495（0.014）	0.493（1.013）
客户		0.307（0.057）	0.303（0.556）
多样性		0.604（0.153）	0.625（1.148）
模型统计			
R^2	0.409	0.429	0.429
自由度	7	14	13

注：N=400，非标准化回归系数在前面，括号内是标准误差。

表6-4、表6-5和表6-6给出了上述三种分析的一般情况。

表6-4　　　　　　　　　　模型1概述

模型	R	R^2	调整的 R^2	标准差	统计量			
					F 统计量	自由度	自由度	F 统计量
1	0.409^a	0.168	0.153	10.24399	11.275	7	392	0.000

a. 变量：（常数），资本支出、销售密度、活力、实力、成本效率、资本密度、宽裕度。

表 6 - 5　　　　　　　　　　　　　　模型 2 概述

模型	R	R^2	调整的 R^2	标准差	统计量			
					F 统计量	自由度	自由度	F 统计量
1	0.429^a	0.184	0.154	10.23423	6.201	14	385	0.000

a. 变量：（常数），多样性、员工、成本效率、销售密度、活力、资本密度、客户、管理者、自然环境、股东、实力、社区、资本支出、宽裕度。

表 6 - 6　　　　　　　　　　　　　　模型 3 概述

模型	R	R^2	调整的 R^2	标准差	统计量			
					F 统计量	自由度	自由度	F 统计量
1	0.429^a	0.184	0.156	10.22164	6.691	13	386	0.000

a. 变量：（常数），客户、员工、销售密度、成本效率、活力、资本密度、多样性、管理者、自然环境、股东、实力、资本支出、宽裕度。

表 6 - 7 给出了检验假设 5 - 1b 的回归模型结果，它认为，利益相关者关系调节战略变量与企业财务绩效之间的关系。表 6 - 7 包含完整模型（模型 4）和模型 5，其中，包括完全模型中的完全变量与在利益相关者关系变量和战略变量之间的相互作用情况（应用两阶最小二乘法，企业经营环境与战略变量作为解释变量，而利益相关者关系变量则作为工具变量进入）。模型 5 比模型 4 有显著性改善（$R^2_{28} = 0.651$）。换句话说，在利益相关者与战略之间互动关系的增加显著改善了解释功效。

表 6 - 7　　对于企业绩效的两步 GLS 回归结果：调节模型的检验

变量	模型 4：完全模型	模型 5：调节模型
常数	23.306（2.087）	17.291（1.463）
实力	66.839（44.966）	69.994（48.751）
活力	- 1.815（1.109）	- 2.103（1.217）

续表

变量	模型 4：完全模型	模型 5：调节模型
宽裕度	−24.905（14.891）	−29.213（18.547）
成本效率	−1.523（0.187）	−1.011（0.195）
销售密度	0.062（0.034）	0.101（0.056）
资本密度	−3.793E−9（0.000）	−4.724E−9（0.000）
资本支出	6.299E−9（0.000）	7.541E−9（0.000）
员工	−0.985（0.104）	−0.754（0.123）
股东	0.892（0.134）	0.902（0.102）
管理者	0.397（0.123）	0.412（0.151）
社区	0.146（0.152）	0.185（0.117）
自然环境	0.495（0.014）	0.521（0.112）
客户	0.307（0.057）	0.342（0.009）
多样性	0.604（0.153）	0.701（0.122）
成本效率—员工		0.000（0.016）
成本效率—股东		0.001（0.042）
成本效率—管理者		0.000（0.021）
成本效率—社区		−0.000（0.043）
成本效率—自然环境		−0.001（0.001）
成本效率—客户		−0.001（0.019）
成本效率—多样性		0.011（0.021）
销售密度—员工		−0.001（0.001）
销售密度—股东		0.002（0.008）
销售密度—管理者		0.007（0.004）
销售密度—社区		0.003（0.002）
销售密度—自然环境		−0.005（0.001）
销售密度—客户		0.005（0.002）
销售密度—多样性		0.004（0.008）
资本密度—员工		0.004（0.011）
资本密度—股东		0.000（0.000）
资本密度—管理者		0.001（0.000）
资本密度—社区		2.142（1.089）

续表

变量	模型4：完全模型	模型5：调节模型
资本密度—自然环境		2.001（1.210）
资本密度—客户		-1.001（0.000）
资本密度—多样性		-0.004（0.000）
资本支出—员工		0.004（0.021）
资本支出—股东		0.002（0.011）
资本支出—管理者		-0.001（0.020）
资本支出—社区		0.007（0.002）
资本支出—自然环境		0.001（0.001）
资本支出—客户		0.000（0.020）
资本支出—多样性		1.008（1.074）
R^2	0.429	0.651
自由度	13	28

　　表6-8中的回归结果检验了假设5-2，也就是说，企业战略变量调节利益相关者关系与企业财务绩效之间的关系和企业的财务绩效的关系。模型6是一个受限模型，包括控制变量和利益相关者关系变量。战略变量包括在完整模型中，如模型7中。如果战略调节利益相关者关系与企业财务绩效之间的联系，那么在模型6中任何具有显著性的利益相关者关系变量在模型7中都不再具有显著性或者是显著性明显下降了。这一结果支持内在利益相关者承诺模型，因为模型6中的3个变量（员工、自然环境和客户）有显著性，而在模型7中的显著性则有明显下降。比如说股东的影响作用就显著减弱了。

表6-8　对于企业绩效的两步 GLS 回归结果：检验直接效应模型

变量	模型7：完全模型	模型6：利益相关者与环境模型
常数	23.306（2.087）	22.095（2.167）
实力	66.839（44.966）	19.382（48.348）
活力	-1.815（1.109）	-2.066（1.204）

续表

变量	模型7：完全模型	模型6：利益相关者与环境模型
宽裕度	-24.905（14.891）	-5.598（13.640）
成本效率	-1.523（0.187）	
销售密度	0.062（0.034）	
资本密度	$-3.793E-9$（0.000）	
资本支出	$6.299E-9$（0.000）	
员工	-0.985（0.104）	-1.042（0.117）
股东	0.892（0.134）	0.332（0.129）
管理者	0.397（0.123）	0.528（0.135）
社区	0.146（0.152）	0.271（0.104）
自然环境	0.495（0.014）	-0.998（-0.100）
客户	0.307（0.057）	0.899（0.105）
多样性	0.604（0.153）	0.399（0.116）
R^2	0.429	0.151
自由度	14	10

第四节　检验假设

一　战略性利益相关者管理

假说5-1a指出，在考虑战略和经营环境（控制）的影响之后，利益相关者关系与企业财务绩效有正向关系。表6-3中的结果（模型2）表明，两个利益相关者关系变量、员工关系（$b_3 = -0.985$，$p < 0.10$）、股东关系（$b_3 = 0.892$，$p < 0.10$）与多样性关系（$b_3 = 0.604$，$p < 0.10$）：与企业财务绩效有积极和显著的关系。更重要的是，模型3（节约模型）比模型1有显著改善。综合起来看，这些结果为假设5-1a提供了支持。

假设5-1b指出，利益相关者关系调节战略与绩效之间的关系。为了检测调节效果，我们在模型5引入交互作用关系（见表6-7）。

我们发现模型 5 比模型 4 有明显改善，46% （13/28）的交互作用关系的显著性在 P < 0.10 或以上。更具有重要意义的是，我们发现，这些交互作用是显著性的，都与企业财务绩效有关：成本效率与员工、社区、多样性、股东、管理者与社区都有关系；资本密度与自然环境、员工与社区有关系；资本支出与股东、多样性等有关系。这些结果证实了我们的论点，即利益相关者关系调节企业战略关系与财务绩效。

二　内在利益相关者承诺

基于内在利益相关者承诺模型，假设 5 - 2 指出，在经营环境的影响是被控制之后，对于多利益相关者的承诺可以调节战略与绩效之间的关系。对表 6 - 8 检查后，结果还是支持假设 5 - 2。因此，结果支持内在利益相关者承诺模型。

三　经营环境与战略变量

这里，值得注意的是，成本效率变量与绩效之间是稳定的负相关关系。如前所述，这个比例越小，企业经营效率就越高。因此，负号是企业预期的方向（值越小）。此外，资本密度与绩效呈显著性负相关关系。以往的研究表明，资本密度一般与企业财务业绩呈负相关关系。在经营环境为控制变量之后，宽裕度与企业财务业绩呈负相关关系，实力展示出与企业财务业绩呈正相关关系。研究结果与之前的战略研究是一致的（Capon et al.，1990）。

从模型 6 与模型 7 中的环境变量的影响来看，它们对企业主要利益相关者变量、企业战略变量与企业财务绩效之间的影响还是有差别的，这种差别可能是通过上述变量的交互作用来共同完成的。

总之，结果表明，利益相关者关系具有直接和间接（调节）对企业财务业绩的影响。有趣的是，研究中所有的 7 种利益相关者关系变量都对企业绩效有间接（调节）的影响。假定在回归模型采用的交互作用关系中 13 个是显著的，这些研究结果表明，在利益相关者关系、战略和财务绩效之间的联系是相当复杂的。最后，我们的结果提供利益相关者管理行为的内在利益相关者承诺模型的支持。

小　结

　　本章是在前面章节的基础上对利益相关者管理的两种典型概念模型与企业利益相关者承诺模型进行实证研究。我们首先针对企业利益相关者取向定位和显示出这两种方式怎样运用可行的企业及相关数据进行测试。尽管有很多研究是关于利益相关者理论的，但没有研究是明显的、专门针对隐藏在规范理论研究文献中或试图检验它们设想的实证关系。本章还对一些不同的利益相关者理论模型的实证检验进行了重要的改进，特别是它们工具性和实证的或描述性的模型。

　　为了测量我们关于利益相关者关系的构想，我们参考了 KLD 数据库，在此基础上选用了 7 个变量来把握企业对主要利益相关者的态度。我们发现，有 6 个变量即员工、股东、管理者、客户、自然环境与多样性关系直接影响了企业财务绩效。这些研究结果巩固了利益相关者理论研究者所强调的企业管理与员工、股东、管理者、客户、自然环境与多样性关系对企业绩效有影响的观点。还支持了之前的管理学研究，包括关于如何对待一个特定利益相关者（比如顾客或者员工）与企业绩效关系的争论。更特别的是，这 6 个变量可以成为企业改变从而改善经营效果的因素。

　　令人惊讶的是，社区没有从数据上表现出对企业绩效的重要影响，尤其是在对社区关系的测试中。在理论部分，我们认为，之前的研究表明，这些变量与企业完成财务绩效目标有积极的关系。

　　可能是因为隔离这些变量的影响无助于我们在研究中区分一个个企业，我们没有找到社区关系的直接影响。也就是说，尽管这个变量很规范，也很重要，但它直接增进企业绩效的能力可能是微不足道的。其他前文没有提到的要素，比如说企业所在地点，也有可能决定这个变量的重要性。

　　有一个针对社区变量缺乏显著性的、似是而非的解释：可能是我们的样本中包含众多行业的企业。很有可能是不同地区的相关规定对跨行业没有统一的影响，因此是具有行业特殊性的。对社区关系的担忧可能会因为行业文化而不同。也就是说，一些行业无论监管制度如何，它们也可能比其他行业更重视企业针对社区的行为。这样的姿态可能在某一特殊行业内被我们的样本企业所隐藏了。因此，聚焦于广泛的产业（如汽车行业的"招回事件"在当地社区的影响），就像我们在研究中做的那样，几乎没有去隔离这个变量对业绩的直接影响。最后，分析模型结果表明，尽管这个变量对业绩没有直接影响，它们实际上调节了企业战略和财务绩效的关系。

我们讨论过运用战略性利益相关者管理。当企业相信关注利益相关者会增进企业财务绩效的时候，他们就会这样做。为了隔离利益相关者关系对企业财务绩效的影响，我们提出了两个不同的模型即直接影响模型和调节模型。

直接影响模型的结果表明，7 个变量中有 6 个变量经检验对企业财务绩效有很大的影响。换句话说，研究表明，在对员工、股东、管理者、客户、自然环境与多样性 6 个变量的管理上的关注能帮助企业提高财务绩效。这个结果表明，管理者会更好地将这 6 个利益相关者关系同其他的战略属性，比如说成本效率、资本节约和市场差异化策略建立联系，从而改善企业业绩。

调节模型的结果表明，13 个相互作用的影响是显著的。另外，7 个利益相关者关系变量调节了企业战略和企业财务绩效之间的关系。这说明利益相关者关系、战略（资源分配决策）和业绩之间的联系比直接影响模型说明得更加复杂。尽管企业对其关键利益相关者的立场对它们自己承认的都很重要（这一点我们已经在直接影响模型中讨论过），管理者也不应该忽略战略和利益相关者关系相互依赖的关系。举个例子，尽管 7 个利益相关者变量（社区）中 1 个没有直接影响，但它们对战略和业绩的关系还是具有调节作用的。

我们讨论内在利益相关者承诺时提出，企业关注利益相关者是出于对利益相关者群体的一种道德承诺，这种承诺会推进战略决策，反过来影响企业业绩。我们通过调节的回归模型检验过这个观点，我们发现，研究结果能支持内在利益相关者承诺模型；在我们研究的样本企业中，利益相关者关系对企业战略具有实际的推进作用，但是，效果有待于改善。很可能是我们在研究中使用的企业样本没有将利益相关者关系看作对战略制定和执行的规范推进者。或者说，需要一个整合了一系列管理动机或价值的更复杂的模型来把握内在利益相关者承诺的取向。

总的来说，这些结果说明，在将来对利益相关者理论进行实证研究时，可能会有很多条途径。

第一，最明显的扩展是，未来的研究可能会包括在掌握了测量数据之后再找准关于战略决策与利益相关者取向的管理动机和意图。把握了动机就能为企业提供极其有用的洞察力来帮助企业将承诺进行分类（作为对战略性利益相关者管理模型或者内在利益相关者承诺模型的支持）和比较它们的动机与观测行为（企业的经营管理行为是否与他们的使命陈述一致）。

第二，出现了一条相关的研究路线，那就是信任在利益相关者关系里所扮演的角色。比如说，巴尼和汉森（1994），希尔（1995），克希斯（1995），克斯、伯曼和琼斯（1999）都指出，和关键利益相关者建立互信关系可以有效地降低成本，从而影响企业业绩。此外，卡尔顿和拉德（1995）指出，企业用来和一个利益相关者群体相处的方法（建立起来的信任或者不信任关系）可能会影响其他利益相关者团体对企业的看法。针对信任及其溢出效果的实证探讨能增进对企业利益相关者关系的理解。因此，以后加强对这些关系中信任扮演的角色的研究似乎也是合理的。

第三，尽管我们的研究所关注的是一个对企业绩效很狭窄的财务定义，也有企业社会业绩的研究者提出了扩大企业绩效的定义建议，这包括比衡量经济效益更广泛的东西（Bendheim, Waddock and Graves, 1998）。一个包含更多的业绩衡量方法也许能增强内在利益相关者承诺的有效性。确实，如果利益相关者理论的规范因素能被严肃认真地对待，所有利益相关者的内在价值可能会被承认，这类业绩衡量方法似乎是必要的一步。我们承认，这些努力会使组成这些从属的或独立的变量复杂化。然而，扩宽业绩的定义可能会使研究者更好地理解利益相关者关系、战略和业绩之间的重要联系。

　　研究企业战略也有很大的意义。我们依靠的是汉布里克（1983）对波特（1980）的一般战略理论的操作性定义。用像资本密度那样的测量方法来揭示很多在企业层面关于资源的分配问题，但是，波特的术语也确实可以用来描述经营层面的战略。关于经营战略层面关系的检验性研究也硕果累累。最后，因为那些用来揭示利益相关者关系的样本的原因，我们研究的普适性也是有限的。后续的研究应该尝试扩展样本，将更小的企业纳入研究范围，以便更好地对特定的行业影响进行控制。

　　为管理者提供的推断似乎很明确了，利益相关者关系对企业财务绩效有直接影响。建立与关键利益相关者的积极关系能帮助企业获得利润。更重要的是，利益相关者关系和资源分配决策是不可分离的，因为管理者怎样分配资源对利益相关者关系有着不可避免的影响，这些变量和企业财务绩效互相影响。那些现在没有考虑到和关键利益相关者息息相关的资源分配的企业，同其他想得更全面的企业比，竞争力方面处于劣势。

　　这项研究对现有的关于利益相关者理论研究具有价值。我们首先建立了让隐藏在利益相关者研究中的理论变得更加清晰的模型，以便让这些模型的有效性有了检验的可能。其次，我们成功地运用收集整理后的数据来检验这些模型，在把战略变量和运营环境控制纳入模型之后，通过检验战略决策中的诸多关系，企业利益相关者关系和业绩之间表现出在理解企业利益相关者关系过程中的重要联系。研究的结果支持了这样一种观点：管理上对多种利益相关者利益的关注能影响企业业绩，这对利益相关者理论研究者的观点是一种强有力的支持。这项研究为未来的研究者深入研究利益相关者的关注和企业业绩之间的关系也提供了一个基础，对理论研究和管理者都有相当大的意义。

第七章 主要结论与研究展望

第一节 主要结论

根据国内外利益相关者理论、公司治理理论及战略管理理论与实践，本书试图探讨企业关键利益相关者的利益要求与企业的利益相关者关系对企业战略与企业绩效之间的联系。要揭示这一核心问题的实质，本书需要回答基于企业关键利益相关者管理方面的几个问题：企业管理为什么要关注关键利益相关者？谁是企业的关键利益相关者或者不同竞争环境下企业关键利益相关者会怎么样变化？关键利益相关者有哪些利益诉求？在企业的战略管理中，关键利益相关者有哪些行为特征或者企业战略管理是否真的履行了对其利益相关者的承诺？利益相关者关键利益相关者关系、企业战略与企业绩效之间的联系如何？在遵循"理论分析—实证研究—理论总结"的探索思路，本书采用规范分析、实证研究及案例分析相结合的方法对上述问题进行较深入的研究，所得到的主要结论如下：

第一，利益相关者理论是20世纪60年代在国外逐渐发展起来的一种企业理论，并于20世纪90年代引入中国企业理论研究领域，虽然其理论体系还远不够完善，在学术界也处于一种非主流地位，但它的理论构架对于认识现实的企业有更本质的认识，也是比较贴近企业管理的实质。只是由于各种"急功近利"的短视原因，在国外正在反思"股东至上理论"而回头探求更具解释力与包容性的"利益相关者理论"的时候，我国学术界还在青睐"股权至上理论"，但企业竞争环境的变化，使事实上的利益相关者理论已经逐步成为中西方企业管理理论中不可或缺的重要组成部分。

第二，利益相关者理论的兴起与发展具有深刻的理论背景与实践需求。在中西方学者对企业利益相关者的界定与分类进行长期探索的基础上，本书对国外的多维细分法、米切尔评分法以及国内陈宏辉与贾生华（2003）提出的多属性利益相关者分类法，万建华、戴志望、陈建（1998）提出的层级法与李心合（2001）利用格兰特的分类管理理论提出的四分法等进行分析的基础上，通过问卷调查，本书从利益相关者权力性、合法性、紧急性、合理性、主动性与可接近性6个属性对企业利益相关者分别进行评分，并根据统计结果进行聚类分析，最后将11类企业利益相关者按能力属性、紧急性属性和法力属性归为三大类。

第三，本书从企业主要利益相关者的多属性细分及其构成与利益相关者管理相关概念模型出发，对于影响企业财务绩效的企业主要利益相关者的影响进行规范分析，逐步揭示企业主要利益相关者与企业战略影响企业财务绩效的内在机理，并建立了一个企业主要利益相关者与企业战略影响企业财务绩效的概念模型，分析了我国企业主要利益相关者与企业战略对于企业财务绩效的影响方式，探究了企业主要利益相关者、企业战略对应企业财务绩效的影响特征，本书从企业财务绩效的相关指标形成的逆向效应的视角出发，诠释了我国企业利益相关者管理中存在的缺陷的形成机理，为我国企业主要利益相关者管理与决策提供了新的思路。

第四，在对企业关键利益相关者进行动态管理、关键利益相关者关系与企业绩效的相关性进行研究之后，引入企业战略变量与战略环境变量，进一步探讨它们对于企业绩效的影响效果。由于不同利益相关者对企业存在不同的、多变的利益要求，因此，企业需要对其特定利益相关者采取相应的管理策略，即采取相应的行为，建立并维持相应的利益相关者关系。同时，企业由于资源的稀缺性而决定了它们不能同时完全满足其所有利益相关者可能存在冲突的利益要求，因此，企业必须依据其环境因素及其变化特性对其不同利益相关者采取相应的管理行为，以建立适宜的利益相关者关系，并取得较好的企业绩效。本书就此对我国企业利益相关者管理与企业绩效展开相关概念模型及实证研究。

第二节 研究展望

基于利益相关者理论研究利益相关者分类管理、利益相关者关系的类型界定与动态管理以及利益相关者关系、企业战略环境变量与企业绩效之间的联系是一项极富挑战性与创造性的工作，一方面是因为利益相关者理论上还是非主流的企业管理理论，本身的理论体系还处于发展与完善之中；另一方面是国内研究文献对利益相关者理论进行总体介绍的还不多，文献收集与分析工作中遇到了相当大的困难，通过近几年的研究工作，本书也只能是解决利益相关者管理中的部分问题。

第一，利益相关者理论体系本身还需要从多个方面进行完善。正如有研究人员指出的那样，利益相关者理论的基础在于经济学、管理学、伦理学、社会学与法学，但是，如何从多学科交叉视角来完善利益相关者理论是一项非常复杂的系统工程。可以肯定的是，正是这项工作的挑战性，才吸引了越来越多的研究者加入，以寻求更多的创新。

第二，对企业利益相关者的分类属性还有更多的属性可以考虑，因为某一个属性的加入可以使企业利益相关者管理更加合理，但这些属性的确认还有更复杂的工作要做，尽管有人从个案的角度来研究并试图建立利益相关者管理案例专家库，但是，专家库的完善本身就是一个浩瀚的工程。

第三，本书在进行实证分析过程中的调查数据的取得可能还存在一定的片面性，今后可以寻找更广泛的样本来进行研究，也可以按行业、地区等属性进行分类研究。

第四，在揭示企业利益相关者关系、战略环境变量与企业绩效之间的联系的研究中，我们还注意到一些可能的研究方向，未来的研究可能会包括在掌握了测量数据之后来找准关于战略决策与利益相关者取向的管理动机与意图、把握了动机就能为企业提供极其有用的洞察力来帮助企业将承诺进行分类（作为对战略性利益相关者管理模型或者内在利益相关者承诺模型的支持）和比较他们的动机与观测行为（企业的经营管理行为是否与他们的使命陈述一致）。另外，出现了一条相关的研究路线，那就是信任在利益相关者关系里所扮演的角色。随着网络组织理论的发展，应用网络组织理论研究企业利益相关者之间的关系协调机制也可能是一个可行的方向。

参考文献

［1］陈宏辉：《利益相关者利益要求：理论与实证研究》，经济管理出版社2004年版。

［2］陈卫平：《企业价值管理导论：国有企业战略重组的微观基础研究》，湖北人民出版社2004年版。

［3］范云峰：《客户不是上帝：管理客户的策略》，京华出版社2003年版。

［4］樊峰宇：《企业政治》，中国纺织出版社2004年版。

［5］胡迟：《利益相关者激励》，经济管理出版社2003年版。

［6］李维安：《现代企业治理研究》，中国人民大学出版社2002年版。

［7］刘俊海：《企业的社会责任》，法律出版社1999年版。

［8］刘夏清：《战略管理技术与方法》，湖南人民出版社2003年版。

［9］李苹莉：《经营者业绩评价——利益相关者模式》，浙江人民出版社2001年版。

［10］林杰斌、林川雄、刘明德：《SPSS 12统计建模与应用实务》，中国铁道出版社2006年版。

［11］林俊杰：《平衡积分卡》，华夏出版社2003年版。

［12］席酉民、尚玉钒：《和谐管理理论》，中国人民大学出版社2002年版。

［13］万建华等：《利益相关者管理》，海天出版社1998年版。

［14］张维迎：《博弈论与信息经济学》，上海三联书店、上海人民出版社1996年版。

［15］张维迎：《企业理论与中国企业改革》，北京大学出版社1999

年版。

[16] 张维迎：《企业的企业家——契约理论》，上海三联书店、上海
人民出版社 1995 年版。

[17] 杨瑞龙、周业安：《企业的利益相关理论及其应用》，中国经济
出版社 2000 年版。

[18] 杨瑞龙、周业安：《企业共同治理的经济学分析》，中国经济出
版社 2001 年版。

[19] ［美］埃德·里格斯比：《合作的艺术》，唐艳、王倩芳译，中
信出版社 2003 年版。

[20] ［美］埃尔斯沃斯：《企业为谁而生存》，李旭大译，中国发展
出版社 2009 年版。

[21] ［美］多纳德逊、邓非：《有约束力的关系——对企业伦理学的
一种社会契约论的研究》，赵月瑟译，上海社会科学院出版社
2001 年版。

[22] ［美］大卫·格拉斯曼：《EVA 革命——以价值为核心的企业战
略与财务、薪酬体系》，华彬译，社会科学文献出版社 2003
年版。

[23] ［美］弗里曼：《战略管理——利益相关者方法》，王颜华、梁
豪译，上海译文出版社 2006 年版。

[24] ［美］弗雷德·R. 戴维：《战略管理》，李克宁译，经济科学出
版社 2001 年版。

[25] ［美］盖瑞·J. 米勒：《管理困境——科层的政治经济学》，王
勇、赵莹、高笑梅等译，上海三联书店、上海人民出版社 2002
年版。

[26] ［美］福斯特·莱茵哈特等：《企业管理与自然环境》，李丽译，
东北财经大学出版社 2000 年版。

[27] ［美］雷德里克·巴斯夏：《和谐经济论》，中国社会科学出版
社 1995 年版。

[28] ［美］罗杰·莫林、谢丽·杰瑞尔：《企业价值》，张平淡、徐
嘉勇译，企业管理出版社 2002 年版。

［29］［美］乔治·斯蒂纳、约翰·斯蒂纳：《企业、政府与社会》，张志强、王春香译，华夏出版社 2002 年版。

［30］［美］史蒂文·F. 沃克、杰弗里·E. 马尔：《利益相关者权力》，经济科学出版社 2003 年版。

［31］［美］托马斯·L. 萨迪：《领导者：面临挑战与选择——层次分析法在决策中应用》，张录译，中国经济出版社 1993 年版。

［32］［美］汤姆·科普兰、蒂姆·科勒、杰克·默林：《价值评估：企业价值的衡量与管理》（第 3 版），郝绍伦、谢关平译，电子工业出版社 2002 年版。

［33］［英］亚当·斯密：《道德情操理论》，谢祖均译，陕西人民出版社 2004 年版。

［34］［英］亚当·斯密：《国富论——国民财富的性质和起因的研究》，谢祖均、孟晋、盛之译，中南大学出版社 2003 年版。

［35］陈宏辉：《利益相关者管理：企业伦理管理的朝代要求》，《经济问题探索》2003 年第 2 期。

［36］陈昆玉：《论利益相关者企业治理模型》，《现代经济探索》2002 年第 1 期。

［37］邓汉慧：《关于我国外资企业"同工不同酬"现象的探讨》，《湖北社会科学》2007 年第 10 期。

［38］邓汉慧、张子刚：《程序公正性与企业利益相关者信任关系》，《科技进步与对策》2009 年第 4 期。

［39］李静、黄秀华：《企业核心利益相关者的利益冲突与均衡》，《财会通讯》2011 年第 11 期。

［40］李晚金、欧阳巧巧、吕超：《利益相关者权利结构安排与企业可持续增长——基于中国 A 股上市企业的实证检验》，《系统工程》2011 年第 7 期。

［41］李心合：《面向可持续发展的利益相关者管理》，《当代财经》2001 年第 1 期。

［42］马璐、李伟、杜大有：《市场导向对企业社会责任的影响分析——基于利益相关者视角》，《科技进步与对策》2014 年第

8 期。

［43］［美］凯·西尔伯斯通：《关于相关利益者的争论》，《经济社会体制比较》1996 年第 3 期。

［44］潘立侠：《基于利益相关者的企业价值分析》，《会计之友》2009 年第 6 期。

［45］彭勇行、张晨霞：《企业资信的多层次综合评价研究》，《数量经济技术经济研究》2003 年第 3 期。

［46］沈艺峰、林志扬：《相关利益者理论评论》，《经济管理评论》2001 年第 6 期。

［47］宋瑞卿：《企业是谁的？——关于中国企业管理的哲学思考》，《企业管理》2001 年第 10 期。

［48］孙利平、凌文辁、方俐洛：《公平感在德行领导与员工敬业度之间的中介作用》，《科技管理研究》2010 年第 6 期。

［49］田志龙、高勇强、卫武：《中国企业政治策略与行为研究》，《管理世界》2003 年第 12 期。

［50］田志龙、邓新明：《企业政治策略形成影响因素——中国经验》，《南开管理评论》2007 年第 1 期。

［51］田志龙、蒋倩：《中国 500 强企业的愿景：内涵、有效性和影响因素》，《管理世界》2013 年第 7 期。

［52］唐跃军、李维安：《企业和谐、利益相关者治理与企业业绩》，《中国工业经济》2008 年第 6 期。

［53］肖元涛：《利益相关者共同治理与企业所有权边界研究》，《技术经济与管理研究》2004 年第 3 期。

［54］夏新平、李永强、张威：《企业业绩评价指标体系的演进》，《商业研究》2003 年第 24 期。

［55］谢钰敏、魏晓平：《项目利益相关者管理研究》，《科技管理研究》2006 年第 1 期。

［56］吴玲、陈维政：《企业对利益相关者实施分类管理的定量模式研究》，《中国工业经济》2003 年第 6 期。

［57］吴玲、贺红梅：《基于企业生命周期的利益相关者分类及其实

证研究》，《四川大学学报》（哲学社会科学版）2009 年第 6 期。

［58］吕政宝、凌文辁、马超：《领导行为对群体公民行为的影响途径探讨》，《商业时代》2010 年第 7 期。

［59］于东智：《董事会、企业治理与绩效——对中国上市企业的经验分析》，《中国社会科学》2003 年第 3 期。

［60］杨成名：《企业利益相关者关系的博弈分析》，《现代管理科学》2010 年第 3 期。

［61］杨德锋等：《利益相关者、管理认知对企业环境保护战略选择的影响——基于我国上市企业的实证研究》，《管理评论》2012 年第 3 期。

［62］杨瑞龙、周业安：《论利益相关者合作逻辑下的企业共同治理机制》，《中国工业经济》1998 年第 1 期。

［63］杨瑞龙、周业安：《相机治理与国有企业监控》，《中国社会科学》1998 年第 3 期。

［64］王辉、忻蓉、徐淑英：《中国企业 CEO 的领导行为及对企业经营业绩的影响》，《管理世界》2006 年第 4 期。

［65］卫武等：《企业的可见性和脆弱性有助于提升对利益相关者压力的认知及其反应吗？——动态能力的调节作用》，《管理世界》2013 年第 11 期。

［66］赵德志、赵书科：《利益相关者理论及其对战略管理的启示》，《辽宁大学学报》（哲学社会科学版）2009 年第 1 期。

［67］张春霖：《理解现实的企业——玛格丽特·布莱尔的理论得到的一些启示》，《经济社会体制比较》1998 年第 5 期。

［68］张立君：《企业利益相关者共同治理机制设计》，《中南财经政法大学学报》2002 年第 3 期。

［69］张军、王祺：《权威、企业绩效与国有企业改革》，《中国社会科学》2004 年第 3 期。

［70］张秋来：《基于 AHP 的利益相关者分类体系的构建》，《中南民族大学学报》（自然科学版）2006 年第 2 期。

［71］ 陈宏辉：《企业的利益相关者理论与实证研究》，博士学位论文，浙江大学，2003 年。

［72］ 陈贵松：《森林公园利益相关者共同治理研究》，博士学位论文，北京林业大学，2010 年。

［73］ 邓汉慧：《企业核心利益相关者利益要求与利益取向研究》，博士学位论文，华中科技大学，2009 年。

［74］ 郭媛媛：《基于利益相关者理论的关系营销战略研究》，博士学位论文，辽宁大学，2007 年。

［75］ 柳锦铭：《基于利益相关者的品牌危机管理研究》，博士学位论文，天津大学，2007 年 12 月。

［76］ 贺红梅：《基于企业生命周期的利益相关者管理及其实证研究》，硕士学位论文，四川大学，2009 年。

［77］ 刘美玉：《企业利益相关者共同治理与相互制衡研究》，博士学位论文，东北财经大学，2007 年。

［78］ 文琪：《基于利益相关者理论的会计准则问题研究》，硕士学位论文，天津财经大学，2007 年。

［79］ 吴玲：《中国企业利益相关者管理策略实证研究》，博士学位论文，四川大学，2006 年。

［80］ 张月峰：《基于利益相关者的企业共同治理机制研究》，硕士学位论文，河北工程大学，2007 年。

［81］ 杨玉凤：《上市企业内部控制信息披露研究》，博士学位论文，中国矿业大学，2013 年。

［82］ Adler, P., "Time and Motion Regained", *Harvard Business Review*, 1992, 70 (1), pp. 97 – 108.

［83］ Agle, Bradley R., Donaldson Thomas, Freeman R. Edward, Jensen, Michael C., Mitchell, Ronald K. and Wood, Donna J., "Dialogue: Toward Superlor Stakeholder Theory", *Business Ethics Quarterly*, Apr. Vol. 18, Issue 2, 2008, pp. 153 – 190.

［84］ Altman, B. W., "Corporate Community Relations in the 1990s: A Study in Transformation", *Business Society*, 1998, 37, pp. 221 – 227.

［85］Ansoff, I. , *Corporate Strategy*, McGraw – Hill, New York, 1965.

［86］Barbara R. Bartkus, Myron Glassman, "Do Firms Practice What They Preach? The Relationship between Mission Statements and Stakeholder Management", *Journal of Business Ethics*, 83, pp. 207 – 216.

［87］Bart, C. K. , "Sex, Lies, and Mission Statements", *Business Horizons*, 1997a, 40（6）, pp. 9 – 18.

［88］Bart, C. K. , "Industrial Firms and the Power of Mission", *Industrial Marketing Management*, 1997b, 26（4）, pp. 371 – 383.

［89］Bart, C. K. , "Mission Matters", *CA Magazine*, 1998, 131（2）, pp. 31 – 44.

［90］Bart, C. K. and Baetz, M. C. , "The Relationship between Mission Statements and Firm Performance：An Exploratory Study", *The Journal of Management Studies*, 1998, 35（6）, pp. 823 – 853.

［91］Bart, C. K. , Bontis, N. and Taggar, S. , "A Model of the Impact of Mission Statements on Firm Performance", *Management Decision*, 2001, 39（1）, pp. 19 – 35.

［92］Bart, C. K. and Hupfer, M. , "Mission Statements in Canadian Hospitals", *Journal of Health Organization and Management*, 2004, 18（2）, pp. 92 – 110.

［93］Bartkus, B. R. , Glassman, M. and McAfee, R. B. , "Mission Statements：Are They Smoke and Mirrors?", *Business Horizons*, 2000, 43（6）, pp. 23 – 28.

［94］Bartkus, B. R. , Glassman, M. and McAfee, R. B. , "A Comparison of the Quality of European, Japanese and U. S. Mission Statements：A Content Analysis", *European Management Journal*, 2004, 22（4）, pp. 393 – 401.

［95］Barney, J. B. and Hansen, M. H. , "Trust Worthiness as a Source of Competitive Advantage", *Strategic Management Journal*, 1994, 15, pp. 175 – 190.

［96］Baysinger Kosnik and Turk, "Effects of Board and Ownership Structure on Corporate R&D Strategy", *Academy of Management Journal*, 22 (2), pp. 205 – 214.

[97] Bendheim, C. L. , Waddock, S. A. and Graves, S. B. , "Determining Best Practice in Corporate – stakeholder Relations Using Data Envelopment Analysis: An Industry – level Study", *Business & Society*, 1996, 37, pp. 306 – 338.

[98] Becker, B. and Cerhart, B. , "The Impact of Human Resource Management on Organizational Performance: Progress and Prospects", *Academy of Management Journal*, 1996, 39, pp. 779 – 801.

[99] Black and Coffee, "Hail Britannia: Institutional Investor Behavior Under Limited Regulation ", *Michigan Law Review*, 1994, 92, pp. 1997 – 2087.

[100] Blair, M. M. and Lynn, A. S. , "Team Production in Business Organizations: An Introduction", *The Journal of Corporation Law*, 1999a (4), pp. 195 – 200.

[101] Blair, M. M. and Lynn, A. S. , "A Team Production Theory of Corporation Law", *The Journal of Corporation Law*, 1999b (4), pp. 751 – 806.

[102] Boyd, B. , "Corporate Linkages and Organizational Environment: A Test of the Resource Dependence Model", *Strategic Management Journal*, 1990, 11, pp. 419 – 430.

[103] Bromiley, P. and Marcus, A. , "The Deterrent to Dubious Corporate Behavior: Profitability, Probability, and Safety Recalls", *Strategic Management Journal*, 1989, 10, pp. 233 – 250.

[104] Carroll, A. B. , "A Three – dimensional Conceptual Model of Corporate Social Performance", *Academy of Management Review*, 1979, 4, pp. 497 – 505.

[105] Calton, J. M. and Lad, L. J. , "Social Contracting as a Trust – building Process of Network Governance", *Business Ethics Quarterly*, 1995, 5, pp. 271 – 296.

［106］Campbell，A.，"Mission Statements"，*Long Range Planning*，1997，30（6），pp. 931 – 932.

［107］Campbell，A. and Alexander，M.，"What's Wrong with Strategy?"，*Harvard Business Review*，1997，75（6），pp. 42 – 49.

［108］Cannella，A. A. Jr. and Monroe，M. J.，"Contrasting Perspectives on Strategic Leaders: Toward a More Realistic View of Top Manager"，*Journal of Management*，1997，23，pp. 213 – 238.

［109］Capon，N.，Farley，J. U. and Hoenig，S.，"Determinants of Financial Performance: A Meta – analysis"，*Management Science*，1990，36，pp. 1143 – 1156.

［110］Christensen，L. T.，"Marketing as Auto – communication"，*Consumption，Markets，and Culture* 1，1997（1），pp. 197 – 228.

［111］Chung – Leung Luk，Yau，Oliver H. M.，Tse，Alan C. B.，Sin，Leo Y. M. and Chow，Raymond P. M.，"Stakeholder Orientation and Business Performance: The Case of Service Companies in China"，*Journal of International Marketing*，Vol. 13，Issue 1，2009，pp. 89 – 110.

［112］Clarkson，M.，"Defining，Evaluating，and Managing Corporate Social Performance: The Stakeholder Management Model"，L. E. Preston（ed.）*Research in Corporate Social Performance and Policy*，1991，12，pp. 331 – 358.

［113］Clarkson，M.，"A Risk – based Model of Stakeholder Theory: Proceedings of the Toronto Conference on Stakeholder Theory"，Center for Corporate Social Performance and Ethics，University of Tornoto，Tornoto，Canada，1994.

［114］Clarkson，M.，"A Stakeholder Framework for Analyzing and Evaluating Corporate Social Performance"，*Academy of Management Review*，1995，20（1），pp. 92 – 117.

［115］Coffee，Jr.，"Liquidity Versus Control: The Institutional Investor as Corporate Monitor"，*Columbia Law Review*，1991（91），pp. 1277 –

1368.

[116] David, F. R. , "How Companies Define Their Mission", *Long Range Planning*, 1989, 22 (1), pp. 90 – 97.

[117] Davidson, W. N. and Worrell, D. L. , "The Impact of Announcements of Corporate Illegalities on Holder Returns", *Academy of Management Journal*, 1988, 31, pp. 195 – 200.

[118] Dechant, K. , Altman, B. , Downing, R. M. and Keeney, T. , "Environmental Leadership: From Compliance to Competitive Advantage", *Academy of Management Executive*, 1994, 8 (3), pp. 7 – 28.

[119] Delaney, J. T. and Huselid, M. A. , "The Impact of Human Resource Management Practices on Perceptions of Organizational Performance", *Academy of Management Journal*, 1996, 39, pp. 949 – 969.

[120] Delery, J. and Doty, D. H. , "Modes of Theorizing in Strategic Human Resource Management: Tests of Universalistic, Contingency, and Configurational Performance Predictions", *Academy of Management Journal*, 1996, 39, pp. 802 – 835.

[121] Demsetz and Lehn, "The Structure of Corporate Ownership: Causes and Consequences", *Journal of Political Economy*, 1985, pp. 1155 – 1177.

[122] Dess, G. D. and Beard, D. W. , "Dimensions of Organizational task Environments", *Administrative Science Quarterly*, 1984, 29, pp. 52 – 73.

[123] Donaldson, T. and Dunfee, T. W. , "Toward a Unified Conception of Business Ethics: Integration Social Contract Theory", *Academy of Management Review*, 1994, 19 (2), pp. 252 – 284.

[124] Donaldson, T. and Dunfee, T. W. , "Integrative Social Contract Theory: A Communication Conception of Economic Ethics", *Economics and Philosophy*, 1995, 11 (1), pp. 85 – 112.

[125] Donaldson, T. and Preston, L. E. , "The Stakeholder Theory of the Corporation: Concepts, Evidence and Implications", *Academy of Management Review*, 1995, 20 (1), pp. 65 – 91.

[126] Donaldson Thomas and Dunfee, Thomas W. , *Ties That Bind, A So-*

cial Contracts Approach to Business Ethics, Harvard Business School Press Books, Apr. 1999.

[127] Eisenhardt, Kathleen M., "Building Theories from Case Study Research", *Academy of Management Review*, Oct. 1989, Vol. 14, Issue 4, pp. 532 – 542.

[128] Evan, W. and Freeman, R. E., "A Stakeholder Theory of the Modern Corporation: Kantian Capitalism. In T. Beauchamp and N. Bowie (eds.), *Ethical Theory in Business*, 1983, pp. 75 – 93.

[129] Fairfax, L. M., "The Rhetoric of Corporate Law: The Impact of Stakeholder Rhetoric on Corporate Norms", *Journal of Corporation Law*, 2006, 31 (3), pp. 675 – 718.

[130] Farh Jiing – Lih, Earley P. Christopher and Lin, Shu – Chi, "Impetus for Action: A Cultural Analysis of Justice and Organizational Citizenship Behavior in Chinese Society", *Administrative Science Quarterly*, Sep. 1997, Vol. 42, Issue 3, pp. 421 – 444.

[131] Folger Robert and Konovsky, Mary A., "Effects of Procedural and Distiributive Justice on Reactlons to Pay Raise Decisions", *Academy of Management Journal*, 1989, 32 (1), pp. 115 – 130.

[132] Freedman, M. and Jaggi, B., "An Analysis of the Impact of Corporate Pollution Disclosures Included in Annual Financial Statements on Investors' Decision", Advances in public interest accounting, Greenwich, 1986.

[133] Freeman, R. E., *Strategic Management: A Stakeholder Approach*, Englewood Cliffs, NJ: Prentice – Hall, 1984.

[134] Freeman, R. E. and Evan, W. M., "Corporate Governance: A Stakeholder Interpretation", *Journal of Behavioral Economics*, 1990, 19, pp. 337 – 359.

[135] Freeman, R. E., "The Politics of Stakeholder Theory: Some Future Directions", *Business Ethics Quarterly*, 1994, 4, pp. 409 – 422.

[136] Frederick, W. C., "The Moral Authority of Transnational Corporate

Codes", *Journal of Business Ethics*, 1991, 10 (3), pp. 165 – 177.

[137] Frooman, J. , "Socially Irresponsible and Illegal Behavior and Shareholder Wealth: A Meta – analysis of Event Studies", *Business & Society*, 1997, 36, pp. 221 – 249.

[138] Gabor, A. , "Rochester Focuses: A Community' s Core Competence", *Harvard Business Review*, 1991, 69 (4), pp. 116 – 126.

[139] Gapon, N. , Farley, J. U. and Hoenig, S. , "Determinants of Financial Performance: A Meta – analysis", *Management Science*, 1990, 36, pp. 1143 – 1156.

[140] Gale, B. T. , "Can More Capital Buy Higher Productivity?", *Harvard Business Review*, 1980, 58 (4), pp. 78 – 86.

[141] Giacomo Boesso and Giocanna Michelon, "The Effects of Stakeholder Prioritization on Corporate Financial Performance: An Empirical Investigation", *International Journal of Management*, 2010, Vol. 27, No. 3, part1.

[142] Goodpaster, K. E. , "Business Ethics and Stakeholder Analysis", *Business Ethics Quarterly*, 1991, 4 (4), pp. 423 – 429.

[143] Hart, S. , "A Natural – resource – based View of the Firm", *Academy of Management Review*, 1995, 20, pp. 986 – 1014.

[144] Hart, "Corporate Governance: Some Theory and Implications", *Economic Journal*, 1995, pp. 678 – 689.

[145] Hambrick, D. C. , "High Profit Strategies in Mature Capital Goods Industries: A Contingency Approach", *Academy of Management Journal*, 1983, 26, pp. 687 – 707.

[146] Hannan, M. and Freeman, J. , "Structural Inertia and Organizational Change", *American Sociological Review*, 1984, 49, pp. 149 – 164.

[147] Herbig, P. and Milewicz, J. , "To Be or Not to Be⋯Credible That Is: A Model of Reputation and Credibility Among Competing Firms", *Marketing Intelligence & Planning*, 1995, 13 (6), pp. 24 – 33.

[148] Hill and Snell, "External Control, Corporate Strategy, and Firm

Performance in Research – Intensive Industries", *Strategic Management Journal*, 1988, pp. 577 – 590.

[149] Hillman, A. J. and Keim, G. D., "Shareholder Value, Stakeholder Management, and Social Issues: What's the Bottom Line?", *Strategic Management Journal*, 2001, 22 (2), pp. 125 – 140.

[150] Hill, C. and Jones, T. M., "Stakeholder – agency Theory", *Journal of Management Studies*, 1992, 29 (2), pp. 131 – 154.

[151] Hill, C. W. L., "National Institutional Structures, Transaction Cost Economizing and Competitive Advantage: The Case of Japan", *Organization Science*, 1995, 6, pp. 119 – 131.

[152] Hoffer, G. E., Pruitt, S. W. and Reilly, R. J., "The Impact of Product Recalls on the Wealth of Sellers: A Reexamination", *Journal of Political Economy*, 1988, 96, pp. 663 – 670.

[153] Huselid, M., "The Impact of Human Resource Management Practices on Turnover, Productivity, and Corporate Financial Performance", *Academy of Management Journal*, 1995, 3ii, pp. 635 – 672.

[154] Husted, B. W., "A Contingency Theory of Corporate Social Performance", *Business and Society*, 2000, 39, pp. 24 – 48.

[155] Hussain Zahid and Hafeez, Khalid, "Changing Attitudes and Behavior of Stakeholders During an Information Systems – Led Organizational Change", *Journal of Applied Behavioral Science*, Dec. 2008, 44 (4), pp. 490 – 513.

[156] Ireland, R. and Hitt, M., "Mission Statements: Importance, Challenge and Recommendations for Development", *Business Horizons*, 1992, 35 (3), pp. 34 – 43.

[157] Harris, Jared D. and Wicks, Andrew C., " 'Public Trust' and Trust in Particular Firm – Stakeholder Interactions", *Corporate Reputation Review*, Vol. 13, No. 2, 2010, pp. 142 – 154.

[158] Jauch, L. R. and Kraft, K. L., "Strategic Management of Uncertainty", *Academy of Management Review*, 1986, 11, pp. 777 – 790.

[159] Jensen and Meckling, "The Theory of the Firm: Managerial Behavior, Agency Costs and Ownership Structure", *Journal of Financial Economics*, 1976, 26, pp. 305 – 362.

[160] Jones, T. M. , "Instrumental Stakeholder Theory: A Synthesis of Ethics and Economics", *Academy of Management Review*, 1995, 20, pp. 404 – 437.

[161] Jones, Thomas M. and Wicks Andrew, "Convergent Stakeholder Theory", *Academy of Management Review*, Apr. 1999, Vol. 24, (2), pp. 206 – 221.

[162] Jones, T. M. and Wicks, A. C. , "Convergent Stakeholder Theory", *Academy of Management Review*, 1999, 24, pp. 206 – 221.

[163] Kaptein, M. , "Business Codes of Multinational Firms: What do They Say?", *Journal of Business Ethics*, 2004, 50 (1), pp. 13 – 31.

[164] Knut, H. M. and Svein, J. , "From User – groups to Stakeholders? The Public Interest in Fisheries Management", *Marine Policy*, 2001, 25 (4), pp. 281 – 292.

[165] Krohe, J. Jr. , "Do You Really Need a Mission Statement?", *Across the Board*, 1995, 32 (7), pp. 16 – 21.

[166] Kotha, S. and Nair, A. , "Strategy and Environment as Determinants of Performance: Evidence from the Japanese Machine Tool Industry", *Strategic Management Journal*, 1995, 16, pp. 497 – 518.

[167] Kotha, S. and Vadlamani, B. , "Assessing Generic Strategies: An Empirical Investigation of Two Typologies in Discrete Manufacturing Industries", *Strategic Management Journal*, 1995, 16, pp. 75 – 83.

[168] Larry W. Hunter, "Unnion Participation in Strategic", NBER Volume Emerging Labor Market Institutions for the 21st Century August 2001.

[169] Levin, I. M. , "Vision Revisited", *The Journal of Applied Behavioral Science*, 2000, 36 (1), pp. 91 – 107.

[170] Leuthesser, L. and Kohli, C. , "Corporate Identity: The Role of Mis-

sion Statements", *Business Horizons*, 1997, 40 (3), pp. 59 – 67.

[171] Schlange, Lutz E. , "Stakeholder Identification in Sustainability Entrepreneurship", Greenleaf Publishing Ltd. , http：//www. greenleaf – publishing. com, 2013.

[172] Macey and Miller, "Corporate Governance and Commercial Banking：A Comparative Examination of Germany, Japan, and The United States", *Stanford Law Review*, 1995, 48, pp. 73 – 112.

[173] MacMillan, I. C. , Hamhrick, D. C. and Day, D. L. , "The Product Portfolio and Profitability—A PIMS – based Analysis of Industrial Product Businesses", *Academy of Management Journal*, 1982, 25, pp. 733 – 755.

[174] Mahon, J. F. and Wartick, S. L. , "Dealing with Stakeholders：How Reputation, Credibility and Framing Influence the Game", *Corporate Reputation Review*, 2003, 6 (1), pp：19 – 33.

[175] McKay, B. , "For Coke's Big Race Lawsuit, a New Wild Card – A Flamboyant Lawyer Known for Winning Big Awards Joins the Fray for Plaintiffs", *The Wall Street Journal*, April 14, B1, 2000.

[176] Meindl, J. R. , Ehrlich, S. B. and Dukerich, J. M. , "The Romance of Leadership", *Administrative Science Quarterly*, 1985, 30, pp. 78 – 102.

[177] Meyer, J. W. and Rowan, B. , "Institutionalized Organizations：Formal Structure as Myth and Ceremony", *American Journal of Sociology*, 1977, 83 (2), pp. 340 – 363.

[178] Miller, D. , "The Structural and Environmental Correlates of Business Strategy", *Strategic Management Journal*, 1987, 8, pp. 55 – 76.

[179] Mintzberg, H. , "Generic Strategies：Toward a Comprehensive Framework", In R. Lamb and P. Shrivastava (eds.), *Advances in Strategic Management*, 1988, 5, pp. 1 – 68. Greenwich, CT：JAI Press.

[180] Mitchell, R. K. , Agle, B. R. and Wood, D. J. , "Toward a Theory

of Stakeholder Identification and Salience: Defining the Principle of Who and What Really Counts", *Academy of Management Review*, 1997, 22 (4), pp. 853 –886.

[181] Moneva, J. M. , Rivera, Lirio J. M. and Munoz, Torres M. J. , "The Corporate Stakeholder Commitment and Social and Financial Performance", *Industrial Management & Data Systems*, 2007, 107, pp. 84 – 102.

[182] Winn, Monika I. , "Building Stakeholder Theory with a Decision Modeling Methodology", *Business and Society*, 2001, 40 (2), p. 133.

[183] Morsing, M. , "Corporate Social Responsibility as Strategic Auto – Communication: On the Role of External Stakeholders for Member Identification", *Business Ethics: A European Review*, 2006, 15 (2), pp. 171 – 182.

[184] Moore, G. , "The Demise of Ethical Schizophrenia?", *Business Strategy Review*, 1993, 4 (1), pp. 53 – 66.

[185] Norman Barry, "The Stakeholder Concept of Corporate Control Is Illogical and Impractical", *The Independent Review*, Spring 2002, pp. 541 – 554.

[186] O'Gorman, C. and Doran, R. , "Mission Statements in Small and Medium – Sized Businesses", *Journal of Small Business Management*, 1999, 37 (4), pp. 59 – 66.

[187] Pearce, J. A. and David, F. R. , "Corporate Mission Statements: The Bottom Line", *Academy of Management Executive*, 1987, 1 (2), pp. 109 – 116.

[188] Pearce, J. II and Roth, K. , "Multi Nationalization of the Mission Statement", *SAM Advanced Management Journal* (Summer), 1988, pp. 39 – 44.

[189] Peter J. Robertson and Thehyon Choi, "Deliberation, Consensus, and Stakeholder Satisfaction: A Simulation of Collaborative Governance", *Working Paper*, 2008.

［190］Peterson, R. S. , Smith, D. B. , Martorana, P. V. and Owens, P. D. , "The Impact of Chief Executive Officer Personality on Top Management Team Dynamics: One Mechanism by which Leadership Affects Organizational Performance", *Journal Applied Psychology*, 2003, 88, pp. 795 – 808.

［191］Pfeffer, J. , "The Ambiguity of Leadership", *Administrative Science Review*, 1977, 2, pp. 104 – 112.

［192］Phillips, R. A. , "Stakeholder Theory and a Principle of Fairness", *Business Ethics Quarterly*, 1997, 7, pp. 51 – 66.

［193］Plender, J. , "Lights Flash", *Financial Times*, March 2003, 31, p. 26.

［194］Porter, M. E. , "*Competitive Strategy*, New York: Free Press, 1980.

［195］Prowse, "Institutional Investment Patterns and Corporate Financial Behavior in the United States and Japan", *Journal of Financial Economics*, 1990 (27), pp. 43 – 66.

［196］Pound, "Proxy Contests and the Efficiency of Shareholder Oversight", *Journal of Financial Economics*, 1988 (20), pp. 237 – 265.

［197］Quinn, D. and Jones, T. M. , "An Agent Morality View of Business Policy", *Academy of Management Review*, 1995, 20, pp. 22 – 42.

［198］Robert M. Curtice, "Fundamentals of Process Management Best Practices in Optimizing Cross – Functional Business Processes", *Harvard Business Review*, November/December 1999.

［199］Ronald K. Mitchell, Bradley R. Agle and Donna J. Wood, "Toward a Theory of Stakeholder Identification and Salience: Defining the Principle of Who and What Really Counts", *The Academy of Management Review*, Oc 1997 (22), p. 853.

［200］Rohinson, G. and Dechant, K. , "Building a Business Case for Diversity", *Academy of Management Executive*, 1997, 11 (3), pp. 21 – 31.

［201］Ruf, B. M. , Muralidhar, K. R. , Brown, M. , Janney, J. J. and

Paul, K., "An Empirical Investigation of the Relationship Between Change in Corporate Social Performance an Financial Performance: A Stakeholder Theory Perspective", *Journal of Business Ethics*, 2001 (32), p. 143.

[202] Russo, M. and Fouts, P., "A Resource – based Perspective on Corporate Environmental Performance and Profitability", *Academy of Management Journal*, 1997, 40, pp. 534 – 559.

[203] Schafer, S., "Coke to Pay $193 Million in Bias Suit: Black Employees Sought Damages", *The Washington Post*, November 17, Final A01, 2000.

[204] Segal, D., "Denny's Serves Up a Sensitive Image: Restaurant Chain Launches PR Drive to Show Minorities It Has Changed Its Ways", *Washington Post*, April 7, Final E01, 1999.

[205] Shaker A. Zahra, "Governance, Ownership, and Corporate Entrepreneurship: The Moderating Impact of Industry Technological Opportunities", *Academy of Management Journal*, Vol. 39 (6), 1996, pp. 1713 – 1735.

[206] Shleifer and Vishny, "A Survey of Corporate Governance", *Journal of Finance*, 1997, 24, pp. 737 – 783.

[207] Shrivastava, P., "The Role of Corporations in Achieving Ecological Sustainability", *Academy of Management Review*, 1995, 20, pp. 936 – 960.

[208] Suchman, M., "Managing Legitimacy: Strategy and Institutional Approaches", *Academy of Management Review*, 1995, 20 (3), pp. 571 – 610.

[209] Thomas, A. B., "Does Leadership Make a Difference to Organizational Performance?", *Administrative Science Quarterly*, 1988, 33, pp. 388 – 400.

[210] Thayer, C. E. and Fine, A. H., "Evaluation and Outcome Measurement in the Non – profit Sector: Stakeholder Participation", *Evalua-*

tion and Program Planning, 2001, 24 (1), pp. 103 – 108.

[211] Thomas, D. and Ely, R., "Making Differences Matter: A New Paradigm for Managing Diversity", *Harvard Business Review*, 1996, 74 (5), pp. 79 – 90.

[212] Vogt, J., "Demystifying the Mission Statement", *Nonprofit World*, 1994, 12 (1), pp. 29 – 32.

[213] Waddock, S. and Smith, N., "Corporate Responsibility Audits: Doing Well by Doing Good", *Sloan Management Review*, 2000, 41 (2), pp. 75 – 83.

[214] Waldman, D. A., Ramirez, G. G., House, R. J. and Puranam, P., "Does Leadership Matter? CEO Leadership Attributes and Profitability Under Condition of Perceived Environmental Uncertainty", *Academy of Management Journal*, 2001, 44, pp. 134 – 143.

[215] Waddock, S. A. and Graves, S., "The Corporate Social Performance – financial Performance Link", *Strategic Management Journal*, 1997, 18, pp. 303 – 317.

[216] Whrrler, D. and Maria, S., "Including the Stakeholders: The Business Case", *Long Range Planning*, 1998, 31 (2), pp. 201 – 210.

[217] Wicks, A. G., Berman, S. L. and Jones, T. M., "The Structure of Optimal Trust: Moral and Strategic Implications", *Academy of Management Review*, 1999, 24, pp. 99 – 116.

[218] Wicks, A. C., Gilbert, D. R. Jr. and Freeman, R. E., "A Feminist Reinterpretation of the Stakeholder Concept", *Business Ethics Quarterly*, 1994, 4, pp. 475 – 498.

[219] Wood, D. J., "Social Issues in Management: Theory and Research in Corporate Social Performance", *Journal of Management*, 1991, 17 (2), pp. 383 – 384.

[220] Wood, D. J. and Jones, R. E., "Stakeholder Mismatching: A Theoretical Problem in Empirical Research in Corporate social Performance", *International Journal of Organizational Analysis*, 1995, 3,

pp. 229 – 267.

[221] Wright, J. N. , "Mission and Reality and Why Not?" , *Journal of Change Management*, 2002, 3 (1) , pp. 30 – 44.

[222] Yang, K. S. , Yu, A. B. and Yeh, M. H. , "Chinese Individual Modernity and Traditionality: Construct Definition and Measurement", Proceedings of the Interdisciplinary Conference on Chinese Psychology and Behavior, 1989, pp. 287 – 354.

[223] Youndt, M. , Snell, S. , Dean, J. and Lepak, D. , "Human Resource Management, Manufacturing Strategy, and Firm Performance", *Academy of Management Journal*, 1996, 39, pp. 836 – 866.